人生を豊かにする出会いの作り方
私の縁《えにし》
―プラネットの創業者が書いた随筆集―

目次

※本書のところどころで挿し込んでいる絵は著者の父・玉生 道經の作品である

まえがき

七十数年も生きていると、様々なことに出会います。せっかくのエピソードですから、随筆にして書き残すことにしました。

私が生まれたのは団塊の世代の少し前の昭和19年（1944年）。戦後のモノ不足の時代に幼年期を過ごしましたが、両親が頑張ってくれたお陰で、あまり不自由したという記憶はありません。

やがて、早稲田大学に入学した時には東京オリンピックが開かれ、好景気に湧き、大学を卒業してライオン油脂株式会社（現在はライオン株式会社）に入社した時は、高度成長時代で大変幸せなサラリーマン生活を謳歌しました。

しかし、入社5年目（1973年）にオイルショックによる洗剤パニックが起こり、その後のプラザ合意などで円の為替レートが高くなり、日本の高度成長時代は終息の道を辿ります。

1980年には、ライオン油脂とライオン歯磨の合併があり、多少の組織的なコンフリクトを経験しましたが、やがて大きな人生の転換期を迎えました。

それは、1985年に日本の通信が大幅に規制緩和されるという機会に、私は「業界VAN運営会社」というビジネスモデルを考案し、株式会社プラネットを創業したのです。ライオンに在籍しながら事業の提案をしたので、いわゆる企業内起業をしたわけです。

幸い、プラネットの事業はうまく行き、１９９４年にライオンから円満に離籍し、会社経営に専念。そして、２００４年に株式公開、２０１２年には社長を20歳年下の田上正勝に譲り、会長就任。現在を迎えています。

ビジネスマン生活は、山あり谷ありでしたが、まあまあうまくいったと言っていいでしょう。いつの日か、後任に託し、いずれ引退の時を迎えるものと思います。

実に多くの人に出会いました。石鹸・洗剤などの日用品業界の人ばかりでなく、ＩＴ、物流、マーケティング、コンサルタント、大学教授、医師など数え切れないほどの人々にお世話になりました。

やはり、出会った人にお世話になり、その人の期待に応えるのが人生の成功につながるものと思います。期待に応えようもなく逃げ出してしまう、あるいは、実力がなく応えることができないというのでは、人生の成功にはつながりません。

私の名刺ＤＢには3万人もの人の名刺が登録されていて、とても描き切れないのですが、私が気付いたご縁について色々と書いてみました。気軽にお読みください。

赤富士 F100
（インテック所蔵）

ご縁に導かれたお陰

1▼▼インテックのデジタルパケット通信

1985年に「電気通信事業法」が施行され、日本の通信が自由化されることになった。電電公社がNTTになり、たくさんの民間のVAN会社が次々と立ち上がった。VAN（value-added network）とは付加価値通信網のことで、単なる通信ではなく、スピード変換、フォーマット（データの書式）変換、コード変換、などのサービスを付加して通信するという事業である。当時VANがブームとなり、規制緩和による新事業のチャンスであるともてはやされた。VANについての本もたくさん出版された。本に必ず記載されていたことは、100社と10社が通信しようとすると、100×10＝1000回の接続が必要であるのに対して、間でVANが仲介すると100＋10＝110回となり大幅にコストダウンするという説明であった。

しかしながら、当時の通信技術の回線交換方式ではできなかったのである。回線交換はその都度1対1でつなぐ方式だから、どうしても100×10＝1000回になる。

ところが、日本で唯一、デジタルパケット技術で複数対複数の通信ができる会社があった。それが富山に本社があるインテックだったのである。デジタルパケットは、今日のインターネット通信では当たり前なのであるが、インテックはアメリカの通信会社GTEテレネットと提携し、本当のVANができるサービスをいち早く始めていた。

当時、私は39歳で、ライオン株式会社の社員であったが、これを使えば、業界規模のすごいネットワークができると閃き、「業界VAN運営会社構想」をまとめてライオンの役員会に提案した。当然パートナーはインテックとした。ところが、インテックを知る人は1人もいなかった。

当時のインテックは、まだ一部上場企業ではなかったため、なぜインテックを選ぶのかという人が多く、中には「インテックとつるんでうまくやろうとしているのではないか」などと言う人までいて、頓挫してしまった。

しかし、それから数週間後、小林敦社長（当時）がこの案で行こうと言い出した。

後で聞いた話だが、小林社長が慶応大学同期の綿貫民輔先生と飲みながら、この話をしたところ、富山県選出の代議士綿貫先生がインテック社長の金岡幸二氏の日本の通信改革に対する並々ならぬ意欲をよく知っていて、インテックは素晴らしい会社だと話してくれたそうである。

金岡社長は日本の通信の発展に尽力した功績で郵政省と通産省の大臣賞を受賞している。

綿貫先生がインテックをよく知っていたのは、インテックが設立されたときの発起人の1人だったからである。ご存知の通り綿貫先生は衆議院議長を務められた政界の重鎮である。また、トナミ運輸の社主、さらに神主でもあるというすごい人なのである。

その後、私が構想した業界VAN運営会社「プラネット」は設立され、監査役には綿貫先生をお迎えし、社長にはインテックの金岡社長、取締役にはライオンの小林社長、資生堂の大野良雄社長、ユニ・チャームの高原慶一朗社長、サンスターの金田博一社長、十條キンバリーの大河津謙一社長、ジョンソンの御厨文雄社長、エステーの鈴木誠一社長、牛乳石鹸共進社の宮崎栖義社長などそうそうたる役員の中で、私が常勤の常務取締役という構成でスタートした。

私はまだ40歳であった。懇親会は超一流料亭で行われるし、取締役会に出席される綿貫先生にはＳＰが付いて来るし、気を使うことばかりであった。

それから三十数年、お陰様で業界ＶＡＮプラネットは一般消費財業界のメーカーと流通業約１３００社がユーザーとなり業界のインフラとして定着するようになった。

私が、なぜ閃いたのか、なぜインテックを知っていたのか。それは、多くの人とのご縁によって導かれたのである。友人とＶＡＮ研究会を始め、勉強をしていたからであり、インテックを知っていたのも当時有名なＩＴコンサルタントの方と知り合いであったからである。また、自分だけの縁だけではない、周辺の人の縁にも恵まれた。プラネットの誕生は、小林会長と綿貫先生とのつながりがなかったら、うまく行かなかったに違いない。

つまり、多くのご縁があってこそ、理解が生まれ協力が行われ、いい仕事につながって行くのだろうと思う。


（本稿は雑誌「財界」2017年6月20日号に掲載されたものに若干の修正加筆をしたものです）

学生時代の友達は大切に

2 畏友・花川泰雄

1951年、私は東京都葛飾区の小菅小学校に入学した。まだ戦後の雰囲気が色濃く残っていて、学校の教室が足りず、午前と午後に分かれて授業が行われるという2部授業だった。その時、父は法務省の役人で、小菅刑務所（現在は小菅拘置所）の官舎に住んでいた。その官舎は、ちょっとした大きな団地のように住宅が建ち並び、銭湯、日用品を売る店、柔道場、弓道場などもあった。その団地のような官舎から小菅小学校にたくさんの子供たちが通っていた。その中に見るからに利口そうな少年がいた。子供心にも「できそうなやつだな」と思ったものである。名前は花川泰雄。

その頃の私は、かなりの腕白で、たびたび同級生を投げ飛ばして怪我をさせる事件を起こしていた。その都度、母が謝りに回っていた。

母には「花川さんのお坊ちゃんはあんなに優秀なのに、それに比べてあんたは・・・」と、いつも言われていた。

小学校2年生の時に、父の転勤で埼玉県の浦和に引っ越したため、花川とは別れ別れになった。その後、長じるにつれ私の腕白も治まり、浦和市立常盤中学校を経て埼玉県立浦和高等学校に進学した。一応、浦和高校は県下一の名門と言われている。

高校3年生の時に、珍しく転校生が入って来た。浦和高校に転校生が入ってくることは、普通はありえないことである。

その転校生の名前は、何と、花川泰雄！

忘れようもない名前だ。彼のクラスを見に行った。確かにあの花川だった。東京の小菅小学校2年生以来の9年ぶりの再会だった。少年時代の9年は結構長い。しかし、なんとなくこだわりがあったので、挨拶をする程度でそれほど親しい付き合いはなかった。

彼は、浦和高校に転校してくる前、ミッションスクールの栄光学園で洗礼を受けていて、完ぺきな人格をすでに持っているように見えた人物であったため、私のようないい加減な者としては、近寄り難かったのである。

その後、花川は慶応大学に進学し、長銀（日本長期信用銀行）に就職した。しかし、バブル崩壊とともに長銀が破綻してしまい、同じく高校の同級生の岡本圀衞日本生命社長（当時）の引きでニッセイアセットマネジメントの常務に転身した。敬虔なカトリック信者である彼は、カトリック教会の信者組織の資金運用管理も任されている。絶大な信頼が置ける人物であることには間違いがない。

私も、社会人となり数十年を経て、こだわりも溶解し、花川の親しみやすい人柄を素直に理解できるようになってきた。小学校が一緒で、今でも付き合いがあるというのは、この花川だけである。

ある時、たまには飯でも食おうということになり、花川と岡本、そこに中川浩之が加わり会食をした。中川は商船三井の常務を経て宇徳の社長をしていた。さすが、花川の周囲には良い友達がいる。ちなみに、日本生命はインテックの最大級のお客さんである。

その後、花川はニッセイアセットマネジメントを辞めて名古屋商科大学教授とフジテックの社外取締役になった。常勤ではなくなり、自由の身になったようなので、早速、プラネットの補欠監査役になってほしいとお願いした。

会社法および証券取引所のルールによって、上場会社は監査役会を設けなければならないことになり、監査役は3人以上いなければならないとされ、もし、欠員ができた時には、速やかに補充しなければならないことになった。しかし、そのために臨時株主総会を開くのは、大変手間がかかるため、補欠をあらかじめ決めておくことが認められている。

絶大な信頼が置ける人物で、しかも一流の金融の知識を持っている花川は監査役としては、うってつけである。補欠にしておくのはもったいないのだが、他の監査役との回り合わせでやむなく補欠になってもらっている。

やはり、持つべきは心底信頼のおける友人である。

学生時代の友達は大切に

3 ▼▼ 畏友・中川浩之

浦和高等学校の同級生中川浩之とは、高校時代の付き合いはなかったが、近年は花川泰雄のお陰で、親しくさせてもらっている。

中川は、東京大学を卒業後、株式会社商船三井に入社し常務になり、その後、商船三井の関係会社・株式会社宇徳の社長になった。株式会社宇徳は、あまり知られていない会社だが、重量物の輸送を得意とする物流会社である。超重量装置を据え付ける原子力発電所はほとんどがお客さんだということである。そして、彼は65歳になった時に相談役に退いた。

それを聞き、早速、プラネットがM＆Aをした会社カスタマー・コミュニケーションズ（２０１７年に社名変更し現在は株式会社Ｔｒｕｅ Ｄａｔａ）の監査役になってほしいと頼んだところ、快く引き受けてくれた。一部上場会社の社長をしたことがある人物を、まだ海のモノとも山のモノとも分からない会社に来てもらうことは、もったいないことだが、これで会社がよくなれば、社員にとって喜ばしいことである。

注：M&A＝Mergers and Acquisitions　企業の合併・買収。

ある時、仲間を集めて忘年会をしたときに、プラネットの出資先のＩＴ会社の社長が「中川さんのような方に社外取締役になってもらいたい」と言い出した。私は「お前のところにはもったいない」と言ったのだが、中川本人が承諾し、社外取締役になった。後で聞いたところ、当面は無報酬だということである。本当にいい人である。

さらに、私の知人古本喜庸さんが大手の会社を辞めて、省エネ装置を販売する会社を起こすというので、仲間を集めて投資説明会を開催した。会社の名前は私が命名した。驚異的な長生きという意味のlongevityをもじって「Long evity（ロング・エヴィティー）」とした。集まった資金を監査する役割の監事を中川に頼んだ。会社ができるまでと思っていたのだが、株式会社ロング・エヴィティーの古本社長が「中川さんに、ぜひ監査役になってほしい」と言い出した。会社ができても、なかなか売上が上がらず、まだ苦戦中だが、未だに監査役をやってくれている。

中川の人となりが、長くお付き合いをしたいと思わせるのだろう。3つの会社には「利益が出るようになったら、中川をちゃんと処遇しろ」と言っている。

その中川が、島根県庁に行くから、一緒に行こうと誘ってきた。聞けば、大学時代の同級生・溝口善兵衛氏が知事になったので、会いに行くのだという。せっかくだから、テレコムサービス協会会長の中尾哲雄会長を誘おう、島根県は「ソフトビジネスパーク島根」を作り、IT会社を誘致しているからちょうどいいというわけである。幸い、中尾会長のスケジュールが空いていたので、3人で松江に赴いた。

県庁では商工部長などと面談し、県が作った「ソフトビジネスパーク島根」の見学をした。島根県は新世代のコンピュータ言語「ルビー」の発祥の地で、ＩＴには熱心なところである。

注：ルビー（Ｒｕｂｙ）＝島根県出身の松本行弘が開発したコンピュータ言語、ＪａｖａやＣ＋＋と同様、日本発の第3世代言語として、専門家の間で評価されている。

夜は、松江の名旅館「皆実」で溝口知事と会食し、宿泊した。翌日は知事のご厚意で石見銀山、松江城などを見学した後、最後に、小泉八雲記念館に立ち寄り、館長の小泉凡さんにお目にかかった。小泉凡さんは小泉八雲の曾孫である。

小泉八雲（ラフカディオ・ハーン）はギリシャ生まれ、その後アメリカでジャーナリストになるが、１８９０年（明治23年）40歳の時に日本に渡来し、１９０４年54歳で亡くなるまで日本に滞在、「怪談」など日本に関する著作を多く残した。ハーンはヘルンさんと呼ばれていたため、日本で集めた書物が「ヘルン文庫」として富山に残されている。晩年のハーンは東京に在住していたため、「ヘルン文庫」は東京にあったのだが、第2次大戦が起こると、焼失を避けるため富山に移された。

富山出身の中尾会長は、その「ヘルン文庫」を学生時代に読み耽っていたのだそうである。その「ヘルン文庫」の管理に、今でも中尾会長が関わっていて、小泉凡館長とそのことを話し合っていた。帰り道で、中尾会長は富山の「ヘルン文庫」はここの記念館に移管すべきだと言っていた。

花川と中川のお陰で、多くのご縁がつながっている。これからもさらに広がるかもしれない。

4 ▼▼ 仲介王・志村桂司郎

学生時代の友達は大切に

浦和高等学校の同級生に愉快な男がいた。名は志村桂司郎。出身は秩父。埼玉県の浦和市（現在はさいたま市）も〝ダサイ玉〟と言われているように田舎かもしれないが、秩父はもっと田舎である。

その志村は応援団に入団し、何かというとみんなの前に立って、なにかしゃべるのが好きな男であった。何しろ印象深い男で、卒業後50年以上も経っているのに、彼の名前を忘れた者はいない。

志村は、高校卒業後、長いこと音信不通だった。右翼になって街宣車を持っているらしいとの噂が立ったことがある。さもありなんと思わないでもなかったが、後に高崎市で不動産会社「大志社」を経営しているということが分かった。

その志村から突然連絡があった。聞けば、不動産業務用のシステムを開発したということであった。「仲介王《ちゅうかいおう》」という業務パッケージで、街の不動産屋に売れているという。「すべてのオープン系ＯＳに適用するためにＪａｖａ化した」と言い始めた。街の不動産屋のオヤジが「Ｊａｖａ化」などと言う専門用語をしゃべり始めたのである。まさに、「男子三日会わざれば刮目してまみゆべし」である。

注：男子三日会わざれば刮目してまみゆべし＝中国の三国志演義に、呉の国の勇猛だが無学な呂蒙が努力して学問を身に着け、将軍の魯粛が呂蒙に会ったときに、魯粛が「かつての呂蒙にあらず」と言ったことに対し呂蒙が「男子三日会わざれば刮目してまみゆべし」と言ったという逸話がある。しばらくぶりに男に会う時には目を見張って会うべきだという意味。志村が無学であるはずはないが、不動産業専門で成功した男が、いつの間にかＩＴにも詳しくなっていたことに驚いたわけである。

注：Ｊａｖａ化＝従来型のＣＯＢＯＬなどのコンピュータ言語をＪａｖａという新しいコンピュータ言語に変えること。ＪａｖａはＷｉｎｄｏｗｓ、ＬｉｎｕｘなどのＯＳに依存しない言語であるため、Ｊａｖａ化すると、各種のサーバーに搭載することができる。

何度か尋ねて来るうちに、有名な大手不動産会社が志村が開発したシステムを全店に導入するという話が進んでいるのだが、先方のセキュリティポリシーに合わず、この話が破談になりそうだ、何とかならないかという相談を持ちかけてきた。

近頃は、セキュリティが厳しく、しっかりセキュリティ対策が講じられた会社からでないとシステムの導入が許されないことがある。彼の会社は10人ぐらいの小さなシステム会社であるため、コストのかかるセキュリティ対応は十分ではないためであろう。

そこで、大手のシステム会社インテックに志村を紹介して、インテックを窓口にして導入してもらうことにした。幸い、うまく行って導入が決まった。

　彼が作った「仲介王」は、相当に使い勝手が良いようだ。彼の長年の不動産業としての経験が活かされていて、ありとあらゆる業務に対応できる。不動産の取引、登記、税務だけでなく、多くの周辺業務が盛り込まれている。

　業務パッケージは、プログラムが書けるというだけのシステム屋では周到なものは作れない。「仲介王」は、志村の頭の良さとしたたかさでできている。世界的ベストセラーのERP（業務システムパッケージ）「SAP」も日本版のERP「オービック7」も、実務が分かっている会計士・税理士が作ったものである。日本の大半のガソリンスタンドに導入されているパッケージも現場を知り尽くした人が開発している。

　その大手不動産会社は「仲介王」が相当に気に入ったようで、彼の会社ごと買いたいと言ってきた。志村には買いたいと言われているうちに売った方がいいとアドバイスしている。M&Aでは、どのような駆け引きがあるのか、双方の手練手管にはどのようなやり方があるのかを彼に伝授している。

　だが、彼はまだやりたいことがあるようで、売る気はないようだが、いずれにしても、志村のことだから、きっとうまくやることだろう。

注：ERP：Enterprise Resources Planning の略、総合的業務処理パッケージ。

学生時代の友達は大切に

5▼▼Mクラス四人組（本郷、中澤、福岡）

左の写真は、雑誌「財界」に乗った記事である。早稲田大学の政治経済学部には政治学科、経済学科、自治行政学科、新聞学科と4つの学科があった。私は経済学科であったが、他の3人は政治学科だった。1、2年生の時は、第2外国語としてフランス語、ドイツ語などを選ぶわけだが、学科にかかわらず第2外国語とアイウエオ順にクラス分けが行われた。したがって田中や中村などタ行とナ行の名前がやたら多かった。

ここにいる4人は、フランス語を第2外国語として選んだ「Mクラス」の同級生である。1968年に卒業した後は、あまり付き合いがなかったのだが、1990年ごろに同窓会が開かれたときから交流が始まった。

卒業後、本郷孔洋は税理士となり神田に事務所を開いていた。神田の事務所に会いに行ったことがある。その時ちょうど、クラス仲間の1人が本郷に離婚の相談をしていた。税理士とはそんなこともするのかと尋ねたら、離婚の時の財産分与は大仕事だ、お前は離婚なんかするなと言われた。その後、本郷は税務事務所を職員1500人もの日本最大級の税理士法人に育て上げ、理事長を経て会長となっている。

福岡政行は、政治評論家としてテレビに出るようになった時には、なんだか見たような男だなと思ったものの、Mクラスの同級生だったとは当初は気が付かなかった。福岡はガリ勉タイプで全優を目指していたが、私はスキーばかりしていたので接点が少なかったからであろう。福岡はガリ勉だったが、一方でアナウンス研究会に入っていた。そのアナウンス研究会の先輩の女性が家内の友人であることが最近判明した。彼女は「福岡クン」をかわいがっていて、「福岡クン」は彼女にだけは頭が上がらない間柄だそうだ。ようやく、福岡の弱点を握った。

中澤信雄とは、あまり会うことはなかったのだが、野村證券の専務のころに相当に危ない目に遭っているらしいということを、嘘か本当か分からないが、耳にしていた。その後、国際証券の社長になったというので、プラネットの株式公開（ＩＰＯ）について相談し面倒を見てもらった。

プラネットのＩＰＯは、国際証券が三菱証券と合併した後に実現した。

それぞれ分野が違う4人だが、互いに気心が知れているため、何かと相談ができる。ただし、みんなで集まると、それぞれが勝手なことを言い出すので、うるさくてしょうがない。だが、やかましいおしゃべりも後で反芻してみると役に立つことが多い。もちろん、皆広い人脈を持っているので困ったときには頼りになる。

Mクラスの四人組、左から福岡、玉生、中澤、本郷（出典：雑誌・財界）

すすきの丘 F4

学生時代の友達は大切に

6 ▼▼ 親友・中村武郎

早稲田のMクラスでは、どういうわけか中村武郎という男を気に入ってしまった。出会ってから数か月で、中村は優等生で、私は適当に過ごす劣等生であることが分かったのであるが、友達付き合いは続いた。

なにしろ、中村は猛烈に勉強する男で、試験の最終日には、精も魂も尽き果て憔悴した姿になっていたことを覚えている。私は、ろくに勉強せず、「良」でも「可」でもいいと思っていて、適当に答案を書いていた。試験が終わってから行くスキー旅行のことばかり考えていたものである。

2年間の教養課程が終わると、自分の好きなゼミナールを選ぶことができるのだが、人気のあるゼミは成績順となる。中村は、最も人気があり、そこに入ると一流会社への就職は保証されるというゼミに進んだ。私は気楽なゼミを選んだ。

そして、中村は、どう思ったのか、野村證券に入社した。同じく野村證券に入社した中澤信雄は「野村證券のようなやくざな会社に大秀才の中村武郎が入ってきたのでびっくりした」と言っていた。

社会人になって、たまに会うと、中村は「丸井の青井忠治社長に会って、資金運用の提案をした」などと言う。ライオン株式会社の一介の平社員であった私の世界とはまるで違い、劣等感を感じたものである。さらに、中村は野村證券で抜擢されロンドン大学に留学した。留学を終えて帰国後に会ったら、素晴らしい国際ビジネスマンに変身しつつあった姿を見て、大きく水を開けられたように感じた。

それでも、気さくに付き合ってくれていたので、私の結婚式の司会を頼んだところ快く引き受けてくれた。さらに、中村は自分の結婚式の司会を私に頼んできたのである。互いの結婚式の司会をやるというのは相当に深い付き合いということになるのだろう。

中村は、野村ニューヨークの責任者を15年務めた後、野村證券を辞めて、アメリカの投資顧問会社のバイスプレジデントとなった。そのアメリカの投資顧問会社からの信頼が厚かったのだろう。かなりの高給をもらっているという噂であった。

大学の成績が芳しくない私を見て、父が「文科系は長ーくやっていれば、何とかなるもんだ」と言ってくれた。また、高等学校の校歌にあった「堅忍不抜」という歌詞を「長い間、力を抜くことなく続けていれば道が開く」と自己流に解釈し、今は勝てなくてもいつの日か何とかなるのだと考えることにした。

中村は、最初からトップを走り、最後までトップを走り続けた男である。本人も、トップを走り続けることを意識して努力をしていた。それに比べて、私は、ビリからスタートしたが、無理のない少しの努力を長ーく続け、中高年になってようやく形が見えてきたということのようだ。幸い、やりたいテーマに出会うことができたので、今の自分があるのだと思う。

下町育ちの福岡政行は「玉生をみると、学校の成績で人生が決まるわけではないことがよくわかる」、更に「俺は全優だった」と余計なことを言う。同じく全優だった山の手育ちの中村は、このような言い方はしない紳士である。

中村と同期で野村證券に入社した中澤信雄は専務取締役に昇進し、その後、国際證券の社長、三菱証券の社長を務めた。聞くところによると、中澤は野村証券の実力者・田淵節也氏と上手に付き合ったが、中村は反りが合わなかったのだと言う。

中村は、病を得て、60歳半ばでリタイアした。その後、病は癒えて、山中湖の別荘で悠々自適に暮らしている。近頃は、幸せな「いくじい」をしている。

偉い人にも会いに行こう

7▼▼原安三郎先生

大学生時代、原安三郎先生に師事していた。

原安三郎氏（1884〜1982）は、日本化薬株式会社を創業した実業家で、政府税制調査会の会長、日本化学工業協会会長などを歴任した財界の重鎮である。

なぜ、このような重鎮と大学生の私が会っていたかというと、昭和初期の話だが、苦学生であった原先生の面倒を早稲田大学の第4代総長の田中穂積氏が見ていて、その田中総長の長男のところに嫁いだ私の母の姉、つまり伯母の勧めで原先生に会いに行っていたというわけである。（後の稿で書く予定であるが、この伯母の次男田中和泉が、後にTBSの社長になった）

田中穂積の書 「和光同塵」

原先生は、自分が学生時代に苦学していたことを顧みて、進んで学生の世話をしていたのである。原先生は日曜日を学生に会う日にしていたので、日曜日の朝に九段にある原邸に何度かお伺いした。玄関であいさつすると、応接間に上げてくれ、書生さんが虎屋の羊羹とお茶を持ってきてくれる。しばらくすると原先生が出てくる。まず、近況を訊かれる。大学で勉強していることなどを話すと、助言をしてくれる。お会いする時間は30分ぐらいだが、まさに謦咳《けいがい》に接するとはこのことであった。

そして、大学4年生になり就職の相談に行った。どこの会社に行きたいのかと問われた。私は、どこの会社が良いのか悪いのかまったく知らないし、積極的に入社したい会社もなかった。苦し紛れに、当時〝バイタリス〟が一世を風靡していたので、ライオン歯磨はどうかと言った。すると、原先生は「それはいい、ライオン油脂の方が研究熱心なのでライオン油脂に行きたまえ」と言った。早速、小林寅次郎社長に紹介状を書いてくれたので、それをもってライオン油脂に行き、入社試験を受けさせてもらった。

ライオン油脂には元海軍の技術将校だったという方が数人いて、確かに技術力は進んでいたようだ。戦後の日本では、石鹸メーカーのうち、ドイツで開発された合成洗剤の技術をうまく取り入れた会社が成長し、洗剤を作れなかった会社が停滞していたのである。

入社が決まったので、原邸にお礼のあいさつに上がった。その時、「株をやりなさい」、「将来は化学業界を背負って立つようになりなさい」と二つのことを言われた。

私の父は、株をやるなどということは卑しいことだという考えの持ち主だったのだが、私は言われた通り株をやることにした。まずは、ライオン油脂の株を買った。続いて、友人の父親が役員をしていた日本電気硝子の株を買った。日本電気硝子では少し儲けさせてもらった。株をやるようになったら、日経新聞をよく読むようになり、経済界の動きに敏感になった。また、株とは何なのか、会社の資金調達はどのように行われるのかなど、本当に勉強になった。

「将来は化学業界を背負って立て」の方は、十分ではないが、業界ＶＡＮプラネットを作ったことで、少しは業界を担ぐ側になったと自負している。少なくとも業界にぶら下がる側からは脱したと思っている。

原先生は、私が会った時にはもう80歳を超えていて財界最長老経営者と言われていた。つまり、60歳も年上の方であるにもかかわらず、若造の私に会ってくれ、アドバイスもしてくれた。原先生は、体に障害があり受け入れてくれる学校もない中、苦労して早稲田大学に入り田中総長に出会い、恩を受けた。それを忘れずに、今度は自分が若い人の面倒を見ようという温かい心を持った方である。

私もそのようにありたいと思っている。下から上を見ると、雲の上にいる人のように見えても、上から下を見ると身近に見えるものである。私も、60歳を超えたころ、近寄りがたいと思っている若い人がいることに気が付き、なるべく、気さくに接するように心がけている。

裏切らない友達を見つけよう

8▼▼盟友・安平次勝

ライオン油脂に同期入社した中に変わった名前の男がいた。安平次勝《あんぺいじまさる》である。彼は社会人になったのがうれしくてしょうがないというような雰囲気で、何事にもやる気満々のはりきりボーイで、新入社員の時から目立っていた。

私も、どちらかといえば目立っていたのである。新入社員教育の時に「65の二乗は？」という問題に瞬時に手を挙げて「4225！」と回答した。実は特別の計算方法がある。その計算方法を数式で黒板に書いた。相当に目立ったはずである。というわけで2人は43年入社の珍しい名前2人組として記憶されていた。

下一桁が5の数字の二乗の計算の仕方は、十の位の数値に一を加えた数との積を百の位に置き下二桁は25とすれば答えが出る。因数分解の公式 $(a+b)^2=a+2ab+b^2$ を応用すると下一桁が5の数字は $(10n+5)^2$ と表すことができ、それを分解すると $100n(n+1)+25$ となるからである。

数学嫌いの人は頭が痛くなるかもしれないが、私は、このような数式が大好きなのである。本書では、あと2回数式が出てくる。

安平次は慶応大学の工学部管理工学科の卒業で、同期には北城恪太郎氏（日本IBM元社長）などがいる。理科系のはずなのだが、どういうわけか全くの文科系的性格の義理人情派で、本社の管理部門を経て人事部長になり、関係会社の社長を務めた。一方の私は文科系の経済学を学んできたはずなのだが、理数が得意でシステムの方に進んだ。お互いクロスした進路を歩んだ。ライオン時代は妙に気が合い、よく一緒に遊んだものである。また、安平次は私の父の絵を好んでくれて、油絵を購入してくれたこともある。

別稿に詳しく記載したが〝美術館付きリゾートクラブ〟「八千穂会」を立ち上げたときにも、真っ先に参加してくれた。さらに、「八千穂会」はうまく行かず解散したのだが、その時も協力してくれた。

そして、規制緩和によって通信が民間に開放されたときにVAN研究会をしようと言い出したのも安平次である。そして、これも別項にある「業界VAN運営会社・プラネット」案を社長に説明した時も安平次と2人で社長室に行った。2人でホワイトボードを社長室に持ち込んでプレゼンをした。

この提案が社内で議論を呼び、一部に強い反対があり、VAN研究会のメンバーも離れていく中で最後まで支援してくれたのも安平次だった。

何でも私の誘いに乗ってくれるありがたい友人である。東京スカイツリーに登ろうと誘ったときにも乗ってきた。私は新しい物好きなため、スカイツリーができた直後に、はとバスの団体で行けば並ばずに登れるということを聞きつけ、チケットを買った。そのチケットは4人1組のチケットだったので、安平次夫妻を無理やり誘ったのである。そのツアーは国会議事堂見学とホテルでの昼食がセットになっていた。小学校以来の国会議事堂見学だったが、意外に新鮮で面白かった。その時に撮った写真がプラネットの社史に掲載されている。昼食の後スカイツリーに行ったが、団体入口から入りほとんど待たずに登ることができた。

プラネットの社外応援団は多いのだが、設立の経緯からビジネスモデルまでほぼ全てを理解したうえで応援してくれる唯一の友である。

妙な縁もある。安平次の実家は浦和で新聞販売店をしている。お兄さんが実家を継いでいるのだが、どういうわけかそのお兄さんが鎌倉の新聞販売店を買収した。現在、我が家に新聞を配達してくれるのは、その安平次新聞販売店である。新聞販売店を継いでいる甥をよろしくと言われているが、これについてはいまだにお役に立っていない。

これからも、管鮑の交わりを続けていきたい第1の人である。

注：管鮑の交り=中国春秋時代、管仲と鮑叔という人が立場が変わっても、長く友情を持ち続けたという故事

会社の外に出て、他流試合をしよう

9▼▼通産省と郵政省の委員

38歳の時にオフィスオートメーション（以下ＯＡ）についての本を書いた。１９８０年ごろは、ＯＡがブームになっていたのである。

アメリカで、ワードプロセッサー（以下ＷＰ）が開発され、タイプライターが劇的に効率化された。これをもって、アメリカでＯＡという言葉が生まれた。このＯＡという言葉を聞いて、私のやりたいことは「これだ！」と閃いたのである。

ライオンに入社した直後は、マーケティング部員として、販売計画作成の担当をしていた。商品別・月別・事業所別の大きな販売計画表を作らなければならない。Ａ３の紙に線を引き、縦に商品別、横に月別という大きな表が事業所別に7枚あるという大変な計算作業である。そろばんで計算し数字を書き込む。修正が入るとすべて書き直さなければならない。現在は、エクセルで簡単に作表できるが、当時は数日かかる大仕事であった。これはたまらん、何とかならないかと思っていたら、隣の市場調査課に卓上のコンピュータが導入された。早速それに目をつけ、使うことにした。使うには、プログラミング言語を勉強する必要があったが、苦手な作業から脱することができるという夢と希望があったため、すぐに習得できた。ただし、プリンターが小さくレシートのような紙にしか印刷できなかったが、それを用紙に張り付け、後から線を引くというやり方で表を作った。それでも、作業時間を劇的に短縮できた。

と、そこにＯＡという言葉が耳に入ってきたのだから、まさにぴったりだった。

1980年にシカゴで「第1回OAコンファレンス」が開かれるというのを聞きつけ、さっそくこれに参加することにし、日本事務器工業会主催のツアーに申し込んだ。その時の団長は鵜澤昌和先生だった。鵜澤先生は日経文庫の「電子計算機入門 基礎編・応用編」の著者で、まさにコンピュータ時代の草分けで、2019年2月に100歳でお亡くなりになった。

さて、冒頭に書いたように、アメリカのOAはタイプライターの自動化、つまりWPによる効率化だった。「OAコンフェレンス」ではオフィスの生産性がテーマになっていた。「従来はボス1人に1人の秘書がついていたが、WPによってボス数人を1人の秘書でカバーできる」などと議論されていた。タイプライターではスペルを間違えるとすべて打ち直さなければならないという非効率が、WPだと劇的に生産性が上がるからである。

日本でも、日本語WPが開発されたが、まだまだ高いものだった。日本初のWP「JW－10」は630万円もした。しかし、日本語WPもいずれ普及し、日本のオフィスの生産性も相当変わるだろうと思われたため、雑誌に「アメリカOA事情」という論文を投稿したところ、本を出さないかという話が持ち込まれた。話を持ってきてくれたのは、浦和高校の山岳部の先輩の根本好男さん。産業能率大学の出版部にいた根本さんが、たまたま雑誌の論文を目にし、私に声を掛けてくれたのである。これも私にとってありがたい縁だった。

人生初めての単行本執筆には苦労したが、何とか出版に漕ぎつけた。まだ高かったWPは使えないため原稿用紙に手書きをした。「メーカーが書けなかったOAの本」と根本さんが名付けてくれたこの本は、かなり売れた。メーカーとはコンピュータメーカーのことで、供給者側ではなく利用者側の目線で書かれた本というわけである。

さて、この本が売れたため、たくさんの講演依頼がやってきた。幸い、上司が理解ある人だったので、ライオンの宣伝にもなるという理由をつけてたびたび講演に出かけた。

さらに、通産省と郵政省から委員になってほしいとの依頼も来た。これも、社会的に意味のあることなので、会社の許可を得て委員になった。

出版の印税はもちろん、ありがたく頂戴していた。講演料も個人の収入に、委員会手当も頂戴していた。ある日、郵政省の委員会の日に、会社の玄関に黒い乗用車がやってきて、受付で「玉生先生をお迎えに参りました」と告げた。

このあたりから、風当たりが強くなってきた。あいつは勝手に講演に行き、講演料を懐に入れているらしい、というわけである。社員が得た印税や講演料をどうするかという社内規定はなかったのだが、同僚や部長クラスまで、問題視する人が出てきた。しかし、社長などトップ経営者にとっては、ありがたいことには自慢の社員であったようで、結局、会社全体の問題となることはなかった。

政府の委員をしていると、ヘッドハンターがやってくる。これからはコンピュータと通信だと言われていた時代に、まだ30歳代の若さで通産省と郵政省の委員をしていたのだから、IT関連の会社にしてみれば欲しい人材だったのだろう。ある日、ＣＳＫの創業社長大川功氏から会いたいとの電話があり、2度ほど社長室に伺ったことがある。しかし、ＣＳＫの通信についての政策に対し批判的なことを言ったためか、結局不採用になったようだ。そのほかにも、いくつかの会社からお誘いがあった。

ライオンには愛着があったし、ライオンにいてこそ色々なことができると思っていたので、誘いに乗ることはなかった。だが、そのことは相当に自信を強めることとなった。社内ではやっかみがあり、軋轢もある中で、いざとなったらいつでも辞められるというわけである。

こうなると「出過ぎた杭」である。「出る杭は打たれる」と言われているが、「出過ぎた杭は打たれない」と言うのだそうだ。

その当時、ライオンはライオン歯磨とライオン油脂との合併が進められていて、合併後のシステムについて議論されていた。両社はユニバックのユーザーで当然ながら合併後のシステムはユニバックと考えられていた。ところが、私は合併後はＩＢＭにすべきと主張を始めた。というのは、ユニバックは世界では第6位のコンピュータメーカーだったのだが、日本では有力商社と提携していたため第2位だった。また当時、分散型の小型機が注目される中で、ユニバックには大型機しかなかった。そのため、合併して一流会社になるのならば、世界一のＩＢＭを使うべきだと考えたためであった。

システム部の部員でもなく、まだ30代の社員がそのようなことを言い出したため、両社のシステム部長から呼び出されて、さんざん説明を求められた。

結局、私の主張が通り、合併後のシステムはＩＢＭになった。ところが、社長の期待が大きかったのだろうか、システム部に異動を命じられてしまった。異動した当初は四面楚歌だったが、次第にＩＢＭの良さを理解する人が増え、何とかシステム統合は成功した。

実は、現代の会社合併時のシステム統合は大変な難事業なのである。合併した大手銀行のシステムが大トラブルを起こしたことがあったが、互いに妥協しながら無理やりくっつけると、ブラックボックスができてしまう。ブラックボックスがあると、トラブルが起こった時には修復が難しくなる。むしろ、両方のシステムを放棄して作り直した方がすっきりしたシステムができる。ライオンの合併時のシステムは、ユニバックのシステムを放棄しＩＢＭで再構築したことが成功の要因だったと考えられる。

注：ＪＷ－10＝1979年に東芝が発売した初の日本語ワードプロセッサー、机1つ分の大きさで重さが220キログラムもあった。

無理でもやってみよう

10 ▼▼ 洋上研修の講師

私が38歳の時、日本能率協会の洋上研修の講師の依頼が来た。

洋上研修とは、研修生数百人を船に乗せて、船の中で研修を受けながら海外の視察もするという社員教育である。昭和50年代、生産性本部や能率協会が企画し企業から研修生を募集していた。企業側としては、比較的安い費用で社員に海外経験をさせることができたため、褒賞として社員を参加させる会社が多かった。

洋上研修の情報化コースの講師はシステムコンサルタントとして有名な山中義明先生だった。山中先生は、横浜⇓上海⇓香港の往路はスケジュールが空いているが、復路の香港⇓上海⇓横浜は都合が悪く、その代役として私を指名したのである。

山中先生は、東京大学を卒業し、日本航空のハワイの研修所長、イトーヨーカ堂のシステム部長などを歴任した後、独立してシステムコンサルタントをしていた。インテックの顧問をしていたこともある。インテックのデジタルパケット通信を教えてくれたのは、この山中先生なのである。先生は、私の書いた「メーカーが書けなかったＯＡの本」を読んでくれていて、私を多くの研究会に誘ってくれた。それにしても、38歳の若造にいきなり1週間の代役を頼むという山中先生の買い被りも相当なものである。

洋上研修の講師は、航海をしている間、朝から晩まで講義をするわけだから、私の力では不足ではないかと思われたのだが、思い切って引き受けることにした。

講演するだけでは時間がもたないので、ケーススタディを作りグループワーク研修、さらに、幸いなことに富士通がスポンサーでパソコンが提供されていたので、パソコン教室もカリキュラムに加えた。

会社には、1週間も休むため、稟議書を書き許可をもらった。許可をもらうため、パソコン実習の助手としてライオンの若手社員を2名同行させることにし、「若手社員の見聞を広めることができます、『しかも只で』」などと、参加理由を書いた記憶がある。

何しろ、船の中で朝から晩まで研修の講師をするわけだから、大変だった。普通の講演は1時間半ぐらいだが、午前中だけで3時間もある。当時の私の持てる知識、マーケティング、組織論、物流、OAなどを織り込んで話をした。初日は無事終了し、2日目からはケースを読ませグループ討議をさせ、夕刻からグループ発表とした。3日目は上海に上陸し視察。

ところが、4日目は台風に遭遇した。船は大揺れに揺れ、受講生全員が船酔いとなった。船酔いは横になっていると楽になる。絨毯敷きの部屋だったので、全員寝そべったまま講義を聴いてもらった。私も船酔いしていたが、責任上立ってしゃべり、休憩時間になると、自室に駆け込んで横になった。

そんなわけで、私の実力不足は台風のおかげで露呈せず研修は終了し、船は無事に横浜港に入港した。

しかし、この経験は、かなりの自信をつけることになった。人に教えるということは、自分の勉強になる。今では、何の資料なしで10時間はすぐにでも講義ができるという自信を持てるようになった。

勇気をもって踏み出してみよう

11▼▼人生の転機　プラネットの創業

やはり、私の人生の転機はプラネットの創業である。

１９８５年の電気通信事業法によって、通信事業が民間に開放されると、流通業界においてはネットワークの錯綜が起こる可能性が大きいため、それを交通整理するための運営会社を考案したのである。

ライオンの社員であった私は、まず競合する同業のメーカーが相乗りできるようなネットワークを作るにはどうしたらいいかに知恵を絞った。そして、データの取扱いはすべてインテックに任せ、運営会社のプラネットはデータに触ることはせず、運営だけをするという方法を思いついた。このようにすればメーカーの機密が保たれるため、メーカーが信じてくれるようになった。そして、第1項に記した8社のメーカーと卸店２００社とのネットワークを一気に立ち上げた。卸店には２００台の端末機を無償で配ったのである。一気に立ち上げたことによって、業界のディファクトスタンダードになることができた。

それから30年後には、メーカー６６０社と卸店４５０社、さらに資材メーカー２５０社も加わった大規模ネットワークとなり、今も拡大を続けている。

たくさんの同業者が共同利用するわけだから、出来上がったネットワークは「業界特化型インフラ」である。いわば、農村が共同利用できる農業用水路を作れば、「地域特化型インフラ」となるようなものである。農業用水路はその地域の人しか使えないのだが、その地域の人々にとっては欠かせない財産なのである。プラネットも消費財のメーカーと卸店しか使えない業界特化型インフラであり、業界の財産なのである。

したがって、プラネットは単なる通信会社でも単なる株式会社でもない。プラネットはユーザーの利便性を第一義とし業界発展を目指している。資本主義では、会社は利益の追求が目的とされているが、プラネットは利益とはインフラ存続のための原資であると考えている。

さいわい、プラネット創業以来の三十数年は、ムーアの法則の通りシステムのコストは下がり続けていた。その環境の中で、プラネットは三十数年間で7回ものセンターマシンの入れ換えを行い、コストを大幅に下げ続け、利益を出すことができている。さらに、下がったコストを元に料金値下げを9回も行っている。機会あるごとに値下げをしたということが、業界からの信頼をいただき、多くのユーザーをさらに増やしたのである。

もともと、プラネットの役割の一つとして、ユースウェアを掲げている。業界ユーザーに成り代わって通信技術を上手に安く使いこなす役割を果たそうというわけである。これは、インテックを買い叩いているわけではなく、インテックというITパートナーとともに最適なマシンとソフトと標準を常にウォッチし選んだ結果、ムーアの法則通りコストを大幅に安くすることに成功してきたのである。

また、インフラ事業は継続的に利用していただけるので、かなり正確に利用量を見通すことができる。そのため、事業計画も緻密に策定でき、創業以来、ほぼ一貫して増収増益を続け、さらに、

19期連続の増配もしている。

プラネットのサービスの中心は、企業間の日々の取引で交換されている発注データ、仕入データ、請求データなどをコンピュータｔｏコンピュータで通信し、発注係と受注係の省力化と伝票代を大幅に削減できるサービスである。試算によると三十数年間で少なめに見積もっても約6000億円のコスト節減効果をもたらし、業界に貢献したと推定されている。

自慢話になってしまったが、本当にいい仕事をさせていただいたと思っている。第1稿で書いたように、山中義明先生にインテックを教えていただいたこと、綿貫民輔先生のご縁でライオンの小林敦会長の理解が深まったことを初め、多くの方々とのご縁のお陰だと感謝している。

プラネットが築いたインフラは、かなり強固なものであるため、半永久的に後世に残るものと確信している。

注：ムーアの法則＝インテルの創業者のひとりゴードン・ムーアが「半導体は1年半で半分に小さくなりコストも下がる」と予言した。このことが実際に起こったためムーアの法則と言われるようになった。

注：ユースウェア＝ハードウェアでもなくソフトウェアでもないユースウェア。ユーザーの立場で世界のハードウェア、OS、ミドルウェア、各種の標準の中から最適のものを選びシステムを構築するという技術。

巡り合わせ、それも人生

12 ▼▼ 損失補てん事件

プラネットができた頃、インテックがTBSと組んで富山県で地方テレビ局を作ろうとしていた。富山に本社があるインテックは通信に強いIT会社として成功していたが、メディアとしてのテレビ事業にも意欲を持っていたのだろう。

実は、その時のTBSの社長田中和泉は私の従弟だったのである。

田中に会った時に、インテックが富山で新しい地方局を作ろうとしていることについて訊ねてみたが、田中は「今どき、地方局を作っても採算に合わない」とあまり乗り気ではない様子だった。しかし、TBSの副社長が進めてくれて1988年にチューリップテレビが開局した。少々心配だったので、富山に行ったときにチューリップテレビを訪ねてみた。すると、社員の大半が若い女の子であった。彼女たちが元気にカメラを担いで取材に走り回っていた。放送設備も後発の優位性を活かして小さな機械が使われていて、かなりローコストで立ち上げた様子であった。

話が変わるが、それから数年後の1990年ごろ、証券会社による損失補てん事件が起こった。大手の証券会社が大企業の法人顧客に対して、取引で損失が出ても損を補てんするとの裏取引をしていたことが露見し、損失補てんを受けていた会社の名前が多数公表されてしまったのである。

日立製作所、トヨタ自動車、松下電器産業、日産自動車、丸紅、ユニ・チャームなどが損失補てんを受けている会社として報道された。資生堂の名前も挙がっていたのだが、その時の福原義春社長は即座に謝罪をした。その時の謝り方が潔く、模範的な対処の仕方だと称賛された。一言もコメントを出さず、謝りもしなかった会社も多かった。ある大学教授がこれは大口手数料割引の変形であって、金融制度が未成熟な日本ではやむを得ないことだとの意見を述べていた。

その当時は、尾上縫事件、イトマン事件などが起こり、バブル末期の混乱が続いていた時代である。

ライオンの社内では、多くの一流会社が損失補てんを受けているのに、わが社の財務担当はぼやぼやしていたのではないかと言う人もいた。当時は、いわゆる財テクをするのが当たり前と言われていた時代だったのである。

損失補てんを受けていた会社は数多くあったわけだが、マスコミ関係では唯一ＴＢＳだけが損失補てんを受けていた。やはり公共放送の会社が損失補てんを受けていたらまずいだろうと批判が広がっていた。テレビ会社では異例の経理畑から社長になっていた田中和泉は、社内からの批判もあり、やむなく辞任した。

さらにまた、ＩＴ会社としては唯一インテックが損失補てんを受けていたのである。金岡幸二社長は富山県の教育委員長をしていたため、地元の一部からの非難が続いていた。財務担当の中尾哲雄専務（当時）は責任を感じ相当悩んでいた。

ところがその最中、金岡社長がくも膜下出血で急逝した。インテックの創業者金岡氏は、通信の自由化に並々ならぬ意欲を持ち、日本の通信の民営化を実現させた功労者である。

日ごろから尊敬していた先達であり、まだまだご指導いただかなければならない方であった。

弔問のため、富山の金岡邸に赴いた。空港からタクシーに乗り、行き先を告げると運転手が「惜しい人をなくしましたね」と話しかけてきた。金岡家は江戸時代からの代々の薬種問屋だったという名家で、金岡記念館もあり、地元では知らない人はいない。さらに運転手は「私の車にもお乗せしたことがあります」。「そうですか、私も頼りにしていた方でした」と応じた。

そして、しばらく沈黙した後に「次は、中尾さんですかね」と運転手が言った。

えーっと、びっくりした。中尾さんの上には年上の専務がいて中尾さんはナンバー2ではなかった。にもかかわらず、街の運転手までもが名前を挙げるとは、地元に名が知れるほど凄腕専務だったのだろう。


その後、金岡氏の築いた礎の上に、後を継いだ中尾氏が大きな花を咲かせ、中興の祖となった。もし、中尾氏が損失補てん問題で辞任していたら、今日のインテックはなかったと考えられる。

現在の中尾氏は80歳を超え、富山名誉市民となっている。チューリップテレビも大きく花開き、地元に根付いている。

若い人を支援しよう

13▼▼若い起業家・アイスタイルの吉松徹郎と山田メユミ

ある外資系コンサルティング会社の知人O氏が、若い男を連れてやってきた。その男の名前は吉松徹郎。吉松は化粧品の口コミ会社「アイスタイル」を創業したという。聞くと、大学の同級生山田メユミが、化粧品についての評判をネットで公開していて、そのアクセス数が増えているのを見て、ビジネスになるではないかと考えたということだった。アクセンチュアの社員だった吉松は、ビジネスモデルを考案し、山田と会社を立ち上げた。

吉松は「プラネットのような会社になりたい」と言った。真面目そうな青年であったし、山田との結婚費用を会社設立資金にしたというのを聞いて、面倒を見てあげたい気持ちになり、少々のアドバイスをした。いま考えると底の浅いアドバイスだったのだが、顧問になってほしいと言われ、引き受けることにした。もう一人、國領二郎さんにも顧問をお願いしていると言う。慶応大学教授の國領先生とは、彼がNTTにいた頃からの旧知の仲であった。私がアドバイスしきれないところは、國領先生が補ってくれるに違いない。その後も未だに二人で顧問をしているのだが、もう最近は、アドバイスする必要もなくなってきた。

株式会社アイスタイルは、日本の女性であれば知らない人はいないという口コミサイトの＠ｃｏｓｍｅ（アットコスメ）を運営し、その価値を徐々に高め、化粧品業界で信頼されるようになった。アットコスメに口コミを書き込む人たちの中には、極端な感想を書く人もいる。あるいは、特定の化粧品メーカーの製品をやたら礼賛する人もいる。そうした書き込みを日々チェックして、信頼される口コミへとブラッシュアップを続けた結果である。

アイスタイルは2012年にマザーズに上場し、2016年には一部上場へと昇り、高い株価をつけている。プラネットは吉松社長の要請を受け、少々の株を保有しているが、今や8億円もの含み益となっている。

若い起業家をたくさん知っている

グーグルの地図情報に強い株式会社ゴーガを創業した小山文彦さん、クラウド・エース株式会社の吉積礼敏社長、VR(バーチャルリアリティー)のLIFE STYLE株式会社の永田雅裕社長、AI(人工知能)に強い株式会社グルーヴノーツの最首英裕社長、株式会社ロジスティクス・パートナーの松見浩希さん、省エネ装置製造会社の株式会社ライフブイの久保田拡鑑社長、ITベンチャーの株式会社シアンス・アールの平岡秀一社長、買い物代行サービスTwidyのダブルフロンティア株式会社代表の八木橋裕社長、中古トラック輸出会社のJACSS株式会社の尾崎博文社長など。また、もう若手ではない、それどころか、最近は経済界での活躍が目立っているフューチャーアーキテクト株式会社の金丸恭文会長など。いずれも何かを確信している人たちである。共通するのは、多くのことに興味を持ち、様々なことを知ろうという性格である。彼らと会うと、次々と質問を受ける。

会社の創業はビジネスアイディアが優れていればいいというわけではない。やはり、組織を作り動かせないとならない。生まれながらに明るく積極的でリーダー的な資質を持っている人もいる。しかし、そういう人でも人の心が分かり、動機づけと評価ができないと、長続きしない。

一般には、悪知恵があってずる賢い人がビジネスで成功するのではないかと思っている人もいるようだが、人を騙すようなことをすると、現代社会では成長できる組織を作れない。一方で、能天気でスキがある人も、やはりダメなのである。

何しろ事業に熱心でなければならない。ユニ・チャームの創業者高原慶一朗氏は、24時間365日、会社のことを考えている人であった。役員は、日曜でも夜中でも電話がかかってくるので閉口すると言っていた。私と同い年の堀紘一さん（ドリームインキュベータ会長、元ボストンコンサルタント代表）は、今までに会った経営者の中で「この人にはかなわない」と思った唯一の人は高原さんだと言っていた。

高原氏の経営哲学の中に「原因自分説」がある。売上が上がらないのも、製品の品質について問題があるのも、社員が交通事故を起こしても、全て原因は自分にあると考えるというのである。やはり経営者には徹底した責任感が必要である。創業者は責任を強く感じている人が多いが、二代目三代目になると責任感が薄くなる。創業者が頭を下げてようやく手に入れたものも、二代目三代目になると当たり前の存在と思ってしまうからだろう。

今日の社員は、お金を上げれば一生懸命働いてくれるわけではない。やりがいを与えることと人間としての成長ができるようにしてあげないと、頑張ってくれる人は出てこない。

つまり、現代社会では従来型の経営論や組織論では通用しなくなっているのである。

いま、最もすごい起業家は倉重英樹氏であると思っている。

倉重氏は日本ＩＢＭの副社長だったが、プライスウォーターハウスの社長、日本テレコムの社長などを歴任後に、２００８年66歳の時にシグマクシスを創業した。そして、２０１３年に上場し、２０１７年に早くも東証一部に昇格させたのである。

倉重氏は現代社会において創造性を発揮できる人事組織の在り方を明確な理論として組み立て実践し成功している。その内容は氏の著書「シグマクシス 経営論Ｚ」（日経ＢＰ社）に詳しく書かれているので、起業した人はぜひ読むといい。現代の価値観に対応した新しい経営学が語られている。

ＩＢＭ時代の倉重氏は、実に厳しい顔付をしていて、近寄りがたい雰囲気を持っていたのだが、近頃は人が変わったように柔和な笑顔になった。これは、氏が新たなる経営論と組織論を編み出し、自信を強めたからではないかと、勝手に思っている。

なお、倉重氏は早稲田大学政治経済学部の３年先輩である。

ポピー F3

14▼▼アシストの創業者　ビル・トッテン

偶然の出会いも大切にしよう

株式会社アシストの創業者として知られているビル・トッテンさん。

初めて会ったのは、神戸大学で行われたパネルディスカッションの席だった。コーディネーターは荒川祐吉先生。東京では慶応大学の村田昭治先生、一橋大学の田内幸一先生が有名だったが、関西では荒川先生がマーケティングの先生として名が知られていた。パネルディスカッションでは何をしゃべったかは、あまり覚えていないのだが、たぶん「OAによるオフィスの生産性向上と問題解決力のあるマーケティング企画」などについて発言したのだと思う。ビル・トッテンさんが何を言っていたのかもほとんど覚えていない。しかし、日本が大好きな変な外人だということが分かった。

帰路では一緒に新幹線に乗った。ビルさんは長い足を折りたたんで窮屈そうに座席に座ると、早速大サイズのビールを飲み始めた。さらに、車内販売が通るたびに呼び止めて、ビールの大サイズを買い、あっという間に飲み干すのである。そして、日本は良い国だと話しを始めた。車窓に富士山が見えた時に、ビルさんは「美しい！　こんな素晴らしい山は世界にない」と自慢を始めた。「富士山は俺たち日本人の山で、アメリカ人の山ではないぞ！」と思いつつも、素直な性格に好感を持った。

その後、アシスト社の勉強会「アシストサロン」にスピーカーとして呼ばれた。会の名前は「四水会」、第4水曜日に集まる勉強会である。他にも「一火会」、「三木会」などいくつものサロンがあった。「四水会」には、後の損保ジャパンのシステム会社の社長になった福元淳一さん、日本製粉のシステム部長を経て監査役になった花田政和さん、アシスト社の取締役の中西勉さんがいた。最初はスピーカーとして参加したのだが、そのままメンバーとして居残ることになった。サロンへの出席率は悪かったのだが、今でも定期的に飲み会をやっている。

ビルさんが創業したアシスト社は、今では社員1000人を超える大きなシステム会社になっているが、私が初めて訪れた時は、西新橋の小さな建物の脇にある木造の階段を上ったところにあった。扉を開けると、会議室のような部屋があり、奥にはバーカウンターがあり棚にはたくさんの酒が並んでいた。酒好きのビルさんらしいしつらえである。そこで、毎晩のようにアシストサロンが開かれていたのである。

アシスト社が有名になったのは、1991年にアシスト・カルクという廉価版の表計算ソフトを売り出してからである。今では、パソコンを買えば標準でついているのであるが、当時はVisiCalc、Lotus1-2-3、三四郎など多くのソフトがあった。そこに、アシスト・カルクが1万円を切る破格の値段で売り出されたため、注目を集めた。その後、次第に売上を伸ばし、虎ノ門にビルが建つまでになった。ビルの看板には「Ａｓｓｉｓｔ」ではなく「Ａｓｓｉｓｔｏ」と書かれていた。最近ではＯｒａｃｌｅなどの販売メニューを更に増やしている。中に、ＱｌｉｋＶｉｅｗという大量データ分析ソフトがあり売れている。プラネットが筆頭株主であるＴｒｕｅＤａｔａでも使っていた。業績は堅調のようだ。今の社屋は九段にある。

元々は、ビルさんがアメリカの良いソフトを見つけて来て、日本で販売するというビジネスであるが、次第にコンサルとメンテナンスも手厚くするようになり、日本のユーザーの信頼を勝ち得て行った。アメリカから日本にソフトを売りたいという人が来ると、「Ａｓｓｉｓｔｏ」の看板を見せて、日本化しないと売れないと説得していた。アメリカ人は「アシストゥ」と発音するが、日本人は「アシストォ」と発音するからである。いたずら心があり楽しい人であるが、アシスト社内では、めんどうくさい人という声もないわけではないようだ。

また、日本大好きであるとともに日本女性も大好きという人でもある。日本女性と3度も結婚して3人の子供を作っている。今は、京都に居を構え、庭で京野菜を育てているのだが、少々心臓の具合が良くないそうだ。いつまでも元気でいてほしい人である。

騙されないように気を付けよう

15▼▼イムコスの大失敗とTrue Data

２００１年、イムコスという会社を起こした。発起人は、ＮＴＴソフトウェア、博報堂、マイカルシステムズ（当時）とプラネットである。

発端は、外資系のコンサルタント会社の知人Ｏ氏がやって来て、ＮＴＴソフトウェアとプラネットで電子クーポンの会社をやりましょうという提案だった。１９９５年に私が著した「流通ＶＡＮ　21世紀のミッション」（ビジネス社）に電子クーポンの仕組みを書いたことが、まさにそのことであった。

組織小売業が台頭してきて、メーカーは小売業に販促金を提供して取り扱ってもらわなくてはならないという力関係に陥っていた。いわゆるプッシュ販促に偏るようになっていたのである。以前は、メーカーはマスメディアで広告を展開してブランド力をつけて、消費者に買いに来てもらうというプルの販売力があった。そこで、パワーバランスを取り戻すために、消費者が買いに来てくれるプルの効果があるクーポンを上手に運営できる社会システムを構築したいと、かねがね心に抱いていた。

アメリカでは、古くから新聞折込みによるクーポン券が発行されていた。消費者はクーポンを小売店頭で差し出して、レジで値引きしてもらうというやり方である。当時のアメリカの土曜日の新聞には大量のクーポン券が折込まれていて、分厚いものになっていた。消費者はそのクーポン券を切り抜いて束にして持っていくのである。小売店のレジは心得ていて、受け取ったクーポンの金額分を値引きする。受け取ったクーポン券はズタ袋に入れて、クーポン券のクリアリングハウスに送る。クリアリングハウスではそれをメーカー別に仕分けて、メーカーから値引き分の金額を回収する。クーポンの仕分けは手間のかかる仕事であるため、人件費の安いメキシコで行われていた。実は、クリアリングハウスは、ニールセンやIRIなどの調査会社が運営していたのである。なぜなら、クーポン1枚1枚はPOSデータそのものだからである。

このような仕組みがアメリカには古くからあった。

注：POSデータ＝Point of Sales　レジを通過する商品個々の売上データで、商品ごとの売上の傾向、シェアなどが分かる。

日本では、規制があり新聞でクーポン券を配ることはできなかった。仮にメーカーがクーポン券を発行できたとしても、小売店のレジで戸惑ってしまうだろうし、クリアリングハウスがないため、実際には紙のクーポンを展開することはできない。

そこで、日本ではアメリカの紙屑のようなクーポンではなく、電子的なクーポンの仕組みを作るのが良いのではないかというようなことを、私の本「流通VAN　21世紀のミッション」に記述していたのである。

O氏の提案は、それを本格的にやろうというわけである。天下のNTTがやるというのであれば、大舟に乗ったようなものであると思い、私もやる気になってしまった。O氏は、博報堂、マイカルシステムズにも声をかけて、話をまとめた。プラネットも一億円出資し、後は賛同してくれる流通関係の会社に出資してもらうことになった。プラネット関係のメーカーでは資生堂、ユニ・チャーム、エステー、クレシアにも出資してもらった。そして、2001年、サービス名を「GOOPON」、会社の名前は「イムコス」として発足した。

イムコスの営業はさっそくマッモトキヨシから注文を取った。NTTの技術者はさすがに優秀で、数カ月でマツモトキヨシのあの黄色いカードの仕組みを作り上げた。

ところが、NTTから来た役員は技術については優秀だったが、経営についてはまったく分かっていなかった。思いもよらなかったのだが、資金繰りということがまったく分かっておらず、資本金をほとんど開発に使い切ってしまったのである。マツモトキヨシの黄色いカードは順調に動き出したのであるが、まだ売上はわずかで、あと数社の注文を取らなければ資金が回らないのは明らかだった。当初の4社で増資をしたが、焼け石に水であった。

もう、会社をたたむしかない。

だが、マツモトキヨシの電子クーポンを止めるわけにはいかない。そこで、マイカルシステムズに頼み込んで、システムをすべて引き受けてもらい、会社は解散することにした。(マイカルシステムズは、富士ソフトの傘下に入りヴェンキュラム・ジャパンとなり、さらに、ヴィンクスとなっている)

マツモトキヨシには迷惑をかけないで済むことになったが、出資各社には特別損失を計上してもらわなければならない。プラネット自身も1億円を超える特損を計上し、株主総会で承認を得なければならない。会社の経営責任者としては大変な事態である。

私が出資させてしまった資生堂などに説明に行き頭を下げた。本当に胃の痛むような思いをした。エステーの鈴木喬社長（当時）にお会いした時に「玉生さんを信じて出資したのだ、それがうまく行かなくても、やむを得ないことだ。こんなことはよくあることである。これからも頑張って欲しい」と言っていただいた。鈴木社長のこの言葉で本当に助かった。今でも、足を向けて寝られない恩人だと思っている。

それから6年。今度はＩＤ－ＰＯＳデータを日本で一番持っている会社を買った。いつかは、消費者に対して直接働きかけることができる社会的な基盤（インフラ）を作りたいという考えは相変わらず抱いていたので、三菱商事が、ＩＤ－ＰＯＳデータを収集し分析する社内ベンチャー会社カスタマー・コミュニケーションズを売りに出すということを聞きつけ、早速、買うことにした。

消費者個々人が何をいつ購入したが分かるＩＤ－ＰＯＳデータをビッグデータとして流通全体で有効に使えば、日本の流通機構の発展に寄与できる。

カスタマー・コミュニケーションズの筆頭株主になったのだが、当初は組織的な問題を抱えていて低迷が続いた。そこで、やむなく役員の入れ替えを断行し、2017年になってようやく好転し始めた。社長に据えた米倉裕之氏は、東京海上火災からGEに転職、帰国してぐるなびの役員になったという経歴で、経験豊富であるとともに非常に粘り強い男である。米倉社長の求心力で、業績が持ち直し、最近は消費財流通業界のみならず金融や自動車業界からの引き合いもたくさん寄せられている。2017年11月には株式会社True Dataという社名に変更し、将来の見通しを大きく広げている。

2018年になって、世界最大のマーケティング市場調査会社ニールセンから要請があり、資本業務提携をした。ニールセンは世界200か国ほどに進出しているが、日本ではインテージ（旧社会調査研究所）とビデオリサーチが強力で、苦戦し、撤退状態になっていた。そのニールセンが日本市場に再チャレンジするパートナーとしてTrue Dataに白羽の矢が当たったのである。True Dataは更なる発展が期待されている。

イムコスの失敗から15年して、日本の流通業界にお役に立てるスキームがようやく見えてきた。

注：ID-POS＝POSデータにIDが付いているデータで、誰が買ったかを把握できる。これによって購買履歴やブランドスイッチが分かる。

夏の海と稲村ヶ崎 F6

源平うつぎ F4

人との縁は、つながっている

16 ▼ 東大の歌姫

10代のころは浦和に住んでいて、地元の埼玉県立浦和高等学校に進学した。ちなみに同校の同窓会会長は日本スーパーマーケット協会会長（ヤオコー会長）の川野幸夫先輩であった。

高校では山岳部に入り、毎週のように秩父の雲取山に登っていた。高校を卒業して早稲田大学に入学すると、母が山岳部だけは止めてほしいと言うので、やむなくスキーを始めた。だが、大学のスキー部に入れるほどの腕前ではないため、もっぱら友達を集めてスキー旅行に行っていた。

そんなある日、ゼミ仲間が彼の出身校の新宿高校の卒業生によるスキー同好会があるから入らないかと誘われた。渡りに舟と早速入ったが、大半が東大生で、多少話が合わないところもあったが、女性会員がたくさんいたので、不純な動機ながら、誘われるまま何度もスキー合宿に参加した。昼はスキー、夜は飲みながらみんなで歌を歌った。中に、とびきり歌の上手い女性会員がいた。聞けば、東大の文化祭・五月祭の舞台でも歌を披露し、加藤登紀子とともに東大の歌姫と呼ばれていたそうだ。彼女が歌う「桜貝の歌」が素晴らしかった。彼女のリードで何度も何度も歌ったものである。

〽うるわしき桜貝ひとつ・・・〽で始まる歌声は、今でも耳朶《じだ》に残っている。

実は、昭和の中頃まで鎌倉の由比ガ浜に桜貝の貝殻がたくさん散らばっていた。残念ながら今はだいぶ少くなったが、「桜貝の歌」はこの由比ガ浜で詠まれたものである。由比ガ浜には「桜貝の歌」の歌碑が建っている。裏面には楽譜も刻まれている大きな石碑である。子供の頃に、この浜で貝殻を拾い集めた記憶がある私にとっては、一層感慨深い歌だったのである。

そして、スキー同好会の仲間が大学を卒業し就職すると、同好会は自然と解消してしまった。だが、それから40年経ち、再び集まるようになった。

もうスキーに興じる歳でもないため、今度は川柳クラブとして復活したのである。みんなで川柳を詠み幹事がハガキに書いて週刊文春に毎週投稿するのである。たまに誰かの句が選ばれ週刊文春に載る。

恥ずかしながら、私の川柳も選ばれたことがある。ちなみに「障子」というお題の句で「障子閉め内緒話をする遺族」という句である。

さて、久しぶりに集まるようになったある日、その歌姫の彼女に「玉生さん。流通業界で通信サービスをしているのだったら、荒井伸也って知っている?」と、問われた。「私の兄なのっ」と言われてびっくりした。そういえば彼女の旧姓は荒井だった。荒井伸也氏といえば、住友商事からスーパーマーケット「サミット」の社長になり、その後はオール日本スーパーマーケット協会会長になった流通業界では有名な方である。さらに、文才を活かして安土敏と言うペンネームで「小説 スーパーマーケット」、「後継者」などを書いている。「小説 スーパーマーケット」は伊丹十三監督による映画「スーパーの女」の原作となった。荒井氏には私の会社で講演をしてもらったこともあるし、何度かゴルフをご一緒にさせていただくなど親しくさせていただいている。

憧れの歌姫が、この荒井氏の妹君であったことに長い間気付かずにいたのである。

しかし、残念なことには、四十数年ぶりに再会した彼女は病を抱えていた。40歳の時に乳癌が見つかったのだそうだ。再会した時は60代半ば、それから数年後に亡くなってしまった。享年71歳、早すぎる死である。本当に心の温かい女性で、いつも笑みを絶やさず人を惹きつけるモノを持っていた。もちろん聡明で、人の話に的確に応じてくれる人だった。もっともっと長く旧交を温めたかった。

葬儀に伺って、荒井氏にお悔やみを述べると、「1番良い子だったんだ」と一言。荒井家の中でも、輝いていたに違いない。

人との縁は、つながっている

17▼▼女友達

R子

私が卒業した高等学校は男子ばかりで、まことに殺風景なものであった。先生も男ばかり。唯一、保健室にいた保健婦さんだけが女性であった。なんだかんだと理由をつけて保健室に行きたがる者が多かった。その保健婦さんのことは同窓会で未だに話題になっている。

卒業して、早稲田大学の政治経済学部に進学したら、またも男ばかりで女学生はほんの少ししかいなかった。第2外国語がフランス語のクラスに配属されたが、そこには女学生は2人だけ。1人は、相当の堅物で男を全く寄せ付けなかった。もう1人は色白で母性的な雰囲気のある女性だったが、競争が激しくて近寄ることもできなかった。彼女は、後に婦人雑誌の編集長になった。まさに彼女にふさわしい仕事だった。当時は近寄れなかった彼女と、今では時折ランチをしている。

さて、大学2年生の時に知人の紹介で、博報堂でアルバイトをすることになった。広い会議室で、調査票を集計する仕事だった。アルバイト十数人が、日がな1日調査票をめくり集計する仕事だった。当時は、パソコンなどはなく、電卓すら珍しい時代だったので、統計的な処理をするために手作業で集計表を作らなければならなかった。手間のかかる仕事であったが、私としてはかなり勉強になったアルバイトであった。

しかし、そこは女護ヶ島のような環境だった。私以外のアルバイトは、全員が共立女子大の女学生であった。当時の博報堂は一ツ橋にあり、隣が共立女子大学であったのである。

高校以来、男ばかりという環境にいた私としては、天国のようと言いたいところだが、彼女たちとどう接していいのか分からなかった。当時の女性は、男性に声をかけるようなことはしなかったので作業に集中していた。だが、関心の的だったのは確かなようだ。帰り道の駅で偶然出会ったかのようにして挨拶してくる娘もいた。そのたくさんいた女性の中に、ひときわ美人のO・R子がいた。どのように誘い出したかは、記憶にないのだが、彼女とだけは2、3度デートをした。しかし、ある日彼女の下宿に電話したら、引っ越しをしたということだった。電話に出た下宿の管理人のおばさんに、名前を問われたので名乗ったら、あなただけには転居先を知らせてほしいと言われているということだった。でも、引っ越すことも、転居先の電話番号なども直接聞いてなかったため、何となく違和感があり、結局、別れてしまった。

それから約20年後、新規事業プラネットを立ち上げるための準備室を開設し、その事業の発案者の私と盤若義一さんの2人で仕事を始めた。盤若さんはインテックの社員でITのパートナーである。ある時、食事をしながら、富山県出身の盤若さんに「そう言えば、学生時代に富山県高岡出身の共立女子大の女学生とデートをしたことがあるな。実家は魚屋だと言っていた」と話をした。

すると、盤若さんは「その娘の名前はO・R子ではないですか」と言い当てた！もうすっかり忘れていた彼女の名前が鮮明に思い出された。「そうそうそう、R子だ！　すごくきれいな娘だったよ！」・・・「なんで知ってるんだ」

「共立女子大・高岡・魚屋」の3つのキーワードで分かったという。R子には妹がいて、盤若さんは妹と知り合いだったということだった。有名な美人姉妹だったそうだ。

私も驚いたが、盤若さんも驚いたに違いない。学生時代、富山にいた時分に知り合いだった人が、東京の玉生とデートしたことがあるなどということは奇遇であり、しかも、わずかな情報で判明したのだから、奇縁と言えよう。

親切で世話焼きというより少々お節介な盤若さんは、R子をわざわざ東京まで呼び出し、私と引き合わせてくれた。R子さんは、私のことをよく覚えてくれていた。やはり、私から連絡が無くなったのは、下宿を替えてからだったと言っていた。今は、幸せな結婚をして、東京の一流会社に勤める息子さんがいて、時々東京に来ているということであった。

富山県とは、色々と縁があるようだ。

人との縁は、つながっている

18 ▼▼ 女友達

M子

大学生のころは、デートしていた女性が数人いた。二股をかけるというような心持ちではなく、ただ女性とお茶をしておしゃべりをしたかっただけである。高校も大学も男ばかりの環境にいたからかも知れない。

大学生の時にスキークラブに入り、多くのスキー友達を得た。そのクラブの半数は女子学生だった。そのスキークラブの仲間にO・M子という、少々派手めの美人がいた。

その彼女を何度かお茶に誘い出したことがある。当時は携帯電話などなかった時代で、彼女の家に電話するのは大変だった。家に電話すると、お父さんが出てくることが多く、そのお父さんは一橋大学の教授で、電話してきた者に、「何の用だ」と問うてくる。「スキークラブの連絡です」などと言って、何とか彼女を電話口に呼び出したものである。

さらに、もう1つ問題があった。実は、他の女友達K子の家がすぐ近くで、電話番号がよく似ていた。下2桁が違うだけ、しかもその下2桁は33と55であった。当時のダイヤル式の電話機では、特に間違えやすかった。ある時、やはり間違えた。出てきた声は、いつもの大学教授ではない。一瞬の間をおいて、K子さんいますかと言いつつ、体制を立て直さなければならなかった。

O・M子は、真っ赤な三菱コルトに乗っていた。ある日、私の家に真っ赤な三菱コルトがやってきた。その時の家は法務省の官舎で、渋谷区の閑静な住宅地にあり、門から円形の植え込みを回ると玄関の車寄せに入れるという大きな家だった。私の母はびっくりして、どこのお嬢様なのと何度も聞いてきたものである。結婚する気があるのかとも問われたが、当然まだそんなことは考えていない。

その後、スキークラブはメンバーが社会人になるとともに解散し、仲間とも会うことがなくなり、M子とは今一つ話が合わないため、連絡をすることを止めてしまった。


それから30年ほど経ったある日、アメリカのＩＴ会社ＮＣＲのパーティーがあった。サントリーホールで交響楽団の演奏を聴いた後、近くのホテルでパーティーをするという豪華なもので、多くの参加者が夫人連れで参加していた。乾杯の挨拶はユニ・チャームの高原慶一朗社長（当時）だった。私がいるのを目にした高原社長は、「わが業界には、すばらしい業界ＶＡＮがあり、それを作ったのは、そこにいる玉生さんである」と述べた。私は、恐縮して頭を下げたら、周囲の目が私の方に向けられた。

アルコールが入り、にぎやかになったところで、１人のご婦人が私の前に来て「お久しぶりです。M子です。」と言った。びっくりしたが、よく見ると、確かにあのＯ・M子だった。「今でも、電話番号を覚えていますよ」と言ったら、喜んでくれたようにも見えたが、なぜ30年間も電話番号を記憶しているかを説明すると面倒になるので、かつてのスキー仲間の噂話に話題を変えた。しばらくして、ご主人を紹介してくれたが、なかなかの紳士で、幸せな奥様に納まっているようであった。

たわいもない話であるが、電話番号を間違いそうになるK子の方とは、その後も長く続き、今は私の女房殿として納まっている。

人との縁は、つながっている

19▼▼池真理子と鈴木大拙

近ごろは、歌手の池真理子(1917~2000)を覚えている人はあまりいないようだ。終戦後にジャズ歌手として登場し、「ボタンとリボン」や「センチメンタル・ジャーニー」などのヒット曲がある。紅白歌合戦にも7回出場している。「ボタンとリボン」の歌詞〽バッテンボー、バッテンボー〽という歌詞が、昭和の中頃以前の生まれの方々の耳には残っていると思われるが、美空ひばりよりも前に活躍した歌手なので、若い人が知らないのも無理もないことである。

実は、私が大学生の時に、この池真理子のお嬢さんの家庭教師をしていた。池真理子は鈴木大拙の長男と結婚し、一女を設けている。

つまり、そのお嬢さんは鈴木大拙の孫なのである。

鈴木大拙(1870~1966)は、金沢出身の英語教師であったが、アメリカに渡り、日本の禅を英語で紹介した。いまでも、禅を高く評価するアメリカ人が多いのは鈴木大拙のお陰なのである。大拙はアメリカ人と結婚し子をもうけた。

池真理子が渡米した時に、その大拙の息子と出会い、結婚したのである。その後、帰国したのだが、その子は幼年時代をアメリカで過ごしたため、帰国子女のようなもので、日本の学校の授業、特に算数の勉強に馴染めなかったようだ。私の教え方も上手ではなかったためか、あまり成果が出なかったように思う。

それから50年、金沢に鈴木大拙記念館ができたので、行ってみた。たまたま、この鈴木大拙記念館を設計した建築家の谷口吉生の「私の履歴書」が日本経済新聞に連載されていた時で、建物にも興味があった。なかなか瀟洒な近代建築でありながら、和風の落ち着いた静けさを醸し出す素晴らしい記念館だった。

ひとあたり見学した後で、受付の女性に「私は鈴木大拙のお孫さんの家庭教師をしていた」と話しかけてみた。すると、その女性は事務所に駆け戻り、館長を連れて出てきた。鈴木大拙については、それほど深い知識は持ち合わせていないのだが、金沢の学校で鈴木大拙と同窓だった西田幾多郎が鎌倉の稲村ケ崎で暮らしていた時の家のすぐ近くに自宅があることなどしばらく話が続いた。

西田幾多郎（1870～1945）は日本を代表する哲学者で「善の研究」を著した。京都の観光地として有名な琵琶湖疏水沿いの「哲学の道」は西田が散策した道である。晩年は鎌倉で暮らし、鎌倉で亡くなっている。

この金沢の同窓生2人は、日本の精神性を世界に広め、日本がリスペクトされるようになった最初の発信をしてくれた人たちである。

「お孫さんの麻耶さんは、どうしているのでしょうね。綺麗な娘さんでしたが、・・・」と言ったら、受付の女性が「時々、こちらにお見えになります。今でもお綺麗ですよ。」

麻耶とは、いかにも鈴木大拙の孫娘らしい名前である。ネットで検索すると、東京の青山で活躍しているらしいことが窺える。

再会したいような気持が芽生えて来たが、さて、覚えていてくれているかどうか、会っても何を話していいものか、定まらない。また、記念館を訪れることがあり、偶然会うこともゼロではないものの、たぶんもう会うことはないないだろう。

追記：ところで、館長さんの印象として何か一流のものを持っているように感じたので、お名前の「松田章一」で検索してみた。やはりそうだった。高名な劇作家だった。鈴木大拙についての本も書いている。さすがに、金沢である。文化の層の厚さが感じられる出会いであった。

昔のことも、今につながっている

20▼▼大津事件と大泉黒石

プラネットを創業してから1年後、まだ仕事にまい進しなければならない時期であったが、自宅がどうにも狭くなり移転せざるを得ないことになっていた。そのころはバブルが始まり、うまく買い替えをすれば有利に引っ越しできそうな状況だったため、忙しい最中に家を探し始めた。

幸い、1キロほど離れた稲村ケ崎の姥谷《うばがや》と言うところに良い家を見つけることができた。

この家は、谷の中ほどにあった。谷を見下ろした先には逗子の海岸が見える。さらに、眼を凝らすと逗子の湘南国際村が遠望できる。左右は森で、たくさんの蝶が飛び、野鳥の声がこだまする自然豊かな地であった

しかも、文化の香りもする。谷の一番奥には彫刻家の高田博厚のアトリエ、すぐ下は経済学者の大内兵衛の別荘だった家があり、その左奥の家には哲学者の西田幾多郎が住んでいた。また、少し下った所にはエリザベスサンダースホームの沢田美喜の自宅、谷を出て海に面した所には有島生馬のアトリエがあった。以上の方々は故人であるが、最近は桑田佳祐、小林克也などが近くに越して来ている。

この家は、大泉さんと言うご婦人がお住まいになっていたが、事情があって移転するということであった。

購入する前に父を連れて下見に行った。鎌倉の宮大工が建てたというなかなか凝った家で、

父は大いに気に入った様子であった。一通り見た後、話好きの父は大泉婦人となにやら話し込んでいた。帰り道で、父が「あの人は大泉黒石《こくせき》の娘さんだということがわかった」と言った。

大泉黒石（1893〜1957）については知らなかったのだが、調べてみると一九二〇年代（大正時代）にベストセラーになった『老子』、その続篇『老子とその子』と『人間開業』、『人間廃業』などの小説を著し、ゴーリキーの『どん底』の翻訳もしている。『人間廃業』は、太宰治の『人間失格』に影響を与えたと言われている。父の話では、大泉黒石と父は早稲田大学の講師をしていた時に知り合い、大泉黒石は父の実家にしばらく滞在していたこともあったということである。

つまり、現在の家は妙な縁《えにし》で結ばれた家なのである。

大泉黒石は実に数奇な人生を送った

話は遡るが、明治24年（1891年）に、来日したロシアのニコライ皇太子が斬りつけられるという「大津事件」があった。滋賀県大津で皇太子を警護していた巡査が突然皇太子に切りつけたのである。この時、神戸港にはロシア海軍の艦隊が停泊していた。ことと次第によっては、艦隊が砲撃を始めるかもしれない。明治政府は慌てたが、明治天皇が直接謝罪に赴くなどしたため、それ以上の問題にはならず皇太子は帰国した。しかし、ニコライ皇太子は大の日本嫌いになり、日本人を黄色い猿と呼ぶようになった。その後、皇太子はロマノフ王朝の皇帝ニコライ2世となり、やがて、この大津事件は日露戦争へとつながって行く。

日本とロシアの間で朝鮮半島を巡って争いが起こると、ニコライ2世はバルト海の艦隊を日本に派遣した。ニコライ2世は当時最新鋭の蒸気船を揃えたバルチック艦隊があの猿の国日本を一蹴することに何の疑いも持っていなかった。しかしながら、ご存知の通り東郷平八郎率いる日本帝国海軍がバルチック艦隊を殲滅した。この日露戦争の大勝利は、世界を驚かせた。ロシアは、この痛手がロマノフ王朝を弱らせ、共産革命が起こり、ソビエト連邦が生まれることになったのである。

この大津事件の時、皇太子に随行していたロシア人アレクサンドル・ステパノヴィチが世話役の日本人女性を見初めて、子を生した。その子が大泉黒石なのである。

黒石は、長崎で生まれたのであるが、幼少期はロシアやフランスで過ごし、ロシア革命が始まると日本に戻り、日本で高校と大学の教育を受けた。当時、混血児は白い目で見られていた。そのため、社会的には恵まれず様々な職業を転々とする。だが、自らの数奇な生い立ちを綴った自叙伝が評価され作家になり、前述のようにベストセラーも書いた。

その黒石の子供が大泉婦人なのであるが、もう一人の子の大泉

俳優　大泉滉（出典：奥田胃腸薬 CM）

滉は俳優になった。テレビにも出ていたので、ご記憶の方もいるかと思うが、大泉滉はいわゆるクオーターで外国人風の顔立ちであった。主役級の役は少なかったが、非常に多くの映画に登場していた。元家主の大泉婦人は姉なのか妹なのかは聞き漏らしたが、大泉滉と同じクオーターで顔立ちは似ていた。

その後、大泉婦人との音信はないが、俳優の大泉滉は1993年に73歳で亡くなっているので、もう他界されているかもしれない。

注：大津事件＝法治国家としての日本国の試金石であったと言われている。というのは、重要な賓客を襲うなどという重大な犯罪を犯した者に対して、その場で撃ち殺すなどという野蛮なことをせず、きちんと法律に基づいて犯人を裁いた。政府は早期の死刑を主張したが、司法は無期懲役刑の判決を下した。そのことが、日本は近代的な法治国家になったと内外から評価されたのである。

八ヶ岳 望遠 清里より F20

奇縁と運命

21▼▼針ノ木岳の大遭難

暑い夏には、家内と2人で涼しいところに避暑に行くことにしている。ある年、友人に紹介してもらった軽井沢の「B＆Bあさま」という宿に滞在することにした。そこは、ご主人を亡くされたご婦人が1人で切り盛りしている小さな宿である。

＊B&B は Bed & Breakfast

夜になると、ロビーに集まり、客と女主人とでワインを飲みながら談笑が始まる。そこにはピッケルなど山の道具が飾ってあったので「山がお好きなのですか？」と尋ねると、「早稲田の山岳部でした」と言う。「へー、そうですか！　家内の父親も早稲田の山岳部だったのですよ。渡辺公平と言います。」と言うと、女主人はビックリして「ほんと！　ハム先輩にはずいぶんとお世話になったのよ、懐かしいわぁ」「しかも、ハム先輩のお嬢さんがお泊まりに来てくれるとは、何という偶然なのでしょう」

後輩の女子部員にもハムさんと呼ばれていたようだ。ハムとは公平の公の字をハムと読んだあだ名である。「実は、森田勝彦という私の伯父も早稲田の山岳部だったんですよ」と言ったらこちらの方はあまり覚えていないようだったが、このような話でこの夜は盛り上がり、翌朝の朝食も美味しくいただいた。

地球温暖化のためか、軽井沢も涼しくない日が増えた。また、アウトレットができてから道路が激しく渋滞するようになった。そのため、近ごろは軽井沢を敬遠し、「B＆Bあさま」にも行っていない。

軽井沢以外で、どこか涼しいところはないかとネットで探して、諏訪湖から北に登ったところにある霧ヶ峰高原の「鷲ヶ峰《わしがみね》ヒュッテ」に泊まることにした。ここは標高1656メートルもあるため、間違いなく涼しい。ただし、数年前までは電気がなくランプを使っていたと言う山小屋である。山小屋だから多少の不便は覚悟して行ったのだが、諏訪の街の夜景を眺めながら入るお風呂は快適で、朝晩の食事も美味しい。

この「鷲ヶ峰ヒュッテ」の食堂兼居間には山の本がたくさんあった。月刊誌の「山と渓谷」は昭和の頃からのバックナンバーが全部揃っていた。山岳遭難についての本が目に付いたので開いてみた。

実は、昭和2年に早稲田大学山岳部は針ノ木岳で大きな雪崩に遭い、4人もの犠牲者を出しているのである。その時の登山隊に渡辺公平と森田勝彦がいた。つまり、私の岳父と伯父がいたのである。隊は第1隊と第2隊に分かれていて、雪崩に遭ったのは第1隊の11人、この中に渡辺公平がいた。しかし、幸いにも雪崩に巻き込まれず生き残ったのだが、4人が亡くなった。森田勝彦は第2隊であったため、雪崩の現場にいなかった。

もし、渡辺が雪崩で亡くなっていたら、家内は生まれてこなかったのであるから、まさに合縁

奇縁である

開いた本の中に渡辺公平と森田勝彦の手記が載っていた。文筆家でもあった渡辺公平の文章は読んだことがあるが、伯父の文章は初めて目にした。手記には、雪崩が起きた時の状況よりも、その後の捜索について多くのページが費やされていた。消防、警察、山岳関係者、新聞記者などたくさんの人たちが集まって来て大規模な捜索が行われたことが書かれていて、当時の大事件であったことがよく分かった。

後に、渡辺公平は日本山岳連盟の会長になった。森田勝彦は千葉日産自動車販売の社長になり、ロータリークラブのガバナーにもなった。

私の結婚の時に森田勝彦伯父は「なんだ、ハム平の娘と結婚するのか、・・・」と言ったが、詳しくは覚えていない。多分、「人柄はよかろう」と言うようなことだったのだろう。

2人とも故人となったが、同世代の「B&Bあさま」の女主人はお元気なのだろうか。

伝統文化にも興味を持とう

22 ▼▼ 〜ゲンヤダナー〜

私が、若いころから勉強の場としてお世話になっている一般社団法人企業研究会の勉強会でサントリー美術館を見学し、副館長の若林覚さんの説明を聞いた。若林さんは、ＢＳ朝日の番組審議委員会で同席するようになった方で、早稲田政治経済学部の後輩である。

見学会の後、六本木ミッドタウンの「濱田家」という店で昼食会をした。看板に「玄治店《げんやだな》 濱田家」とある。玄治店《げんやだな》？ 何だか聞いたような響きだ。席に着き、膳を出す仲居さんの帯の柄を見ると、蝙蝠《こうもり》だった。帯の柄が蝙蝠とは珍しい。

玄治店と蝙蝠？ ひょっとして、あの春日八郎の大ヒット曲「お富さん」に出てくる〽エイサホー ゲンヤダナー〽と〝蝙蝠安〟とに関係があるのかな。

そこで、訊いてみた。やはりそうだった。

六本木店は支店で、本店は人形町の交差点の東寄りにある旧「玄治」と呼ばれていた土地にあるということだった。（その後、六本木支店は閉店した）

「玄治」とは、江戸時代に御殿医岡本玄治の屋敷があったところを指し、店《たな》とは「大家と店子」と言われるように家という意味である。

それから数年後に、話のネタにと、本店に行ってみることにした。「玄治店 濱田家」は大正元年創業の風情のある老舗料亭で、都心から少し離れた隠れ家のような店であった。そこには、玄治店の由来が書いてあった。仲居さんの帯は、やはり蝙蝠のデザインであった。

「お富さん」は並みのヒット曲ではない。１９５４年の発売以来、長きに亘って毎日のようにラジオで曲が流されていた。１番の歌詞の最後〽エイサホー　ゲンヤダナー〽は深く耳に残っている。昭和の中頃以前に生まれた日本人で、この歌詞を知らない人はいないだろう。

だが、〽エイサホー　ゲンヤダナー〽の意味は知られていない。私も単なる掛け声だと思っていた。調べてみたら、2番は〽エイサホー　すまされめー〽、3番は〽エイサホー　茶わん酒〽だから、ゲンヤダナーはかけ声ではないのだが、ラジオでは1番しか流されないことが多かったからだろうか、全く気が付かなかった。

この歌は、歌舞伎の「与話情浮名横櫛《よはなさけうきなのよこぐし》（通称：切られ与三郎）」をモチーフにした歌謡曲で、生き別れた〝切られ与三郎〟と〝お富〟が、出会うという場面を歌っている。江戸の大店の養子〝与三郎〟は、故あって木更津に預けられる。そこで地元の親分の妾〝お富〟と好い仲になるのだが、それが露見し子分たちに滅多切りにされる。〝お富〟は追い詰められて海に飛び込み、それぞれが生死も知れぬ生き別れになる。それから3年、無頼漢となった〝切られ与三郎〟と相棒の〝蝙蝠安〟とが金銭をゆすりに入った玄治店にある妾宅にいたのが偶然にも〝お富〟だった。「御新造さんぇ、おかみさんぇ、お富さんぇ、いやさお富～　ひさしぶりだなぁ」と言う名台詞となる。

歌謡曲「お富さん」が歌舞伎を題材にしていることを知っていても、歌舞伎では玄治店ではなく源氏店となっているので、歌舞伎ファンでも気が付いていない人もいるようだ。歌舞伎では、お上に遠慮して実名を使わないことがある。もっとも有名な歌舞伎の演目「仮名手本忠臣蔵」でも大石内蔵助ではなく大星由良助となっているように、岡本玄治と言う御殿医もお上の側の人であるので、実名を使わずに源氏店としたのだろう。

年配の人は〽ゲンヤーダナ〽は必ず耳に強く残っているのにもかかわらず、私のように意味を知らなかった人が多いと思われる。何ということのない発見だが、ある日、このネタを喜寿の方にお話したら、やはりご存じなかった。説明すると、大変面白がってくれた。喜寿といえどもこの曲がヒットしていた時は10代で、艶めいた内容を理解していたわけではなく、意味も分からず歌詞を覚えていたのだろう。

若い読者の方は、お父さんかおじいさんに披露するといい、きっと受けると思う。ただし、一応、蘊蓄《うんちく》を語るには、歌舞伎の知識を仕入れておかなければならない。

尚、

〽粋な黒塀　見越しの松〽を
〽粋な黒兵衛　神輿の松〽と

思っていた人は、この蘊蓄を語る前にもっと勉強する必要がありそうだ。

昔の教訓も役に立てよう

23▼▼秀吉の家訓

プラネットの応接室には、ちょっと変わった古文書『関白秀吉公薬剤』がかかっている。実は、玉生の家は古い家柄で、多くの古文書が伝わっている。その中からこの『関白秀吉公薬剤』が面白そうな内容なので、表装をして飾ってみた。

家訓のようなことが書いてある。最初は半分ほどしか読めなかったのだが、毎日眺めているうちに、全文を読み解くことができた。

例えば、〝無理〟の無はすぐ読めたが、〝無心〟の無はなかなか読めなかった。同じ無の字なのだが、崩し方が違うからである。古文書字典を引くと、いく通りかの崩しが出ている。つまり、書き手は無理と無心を意図して変えているのである。書き手の技量がかなりなものであることがうかがえる。

以下に釈文を記載する。

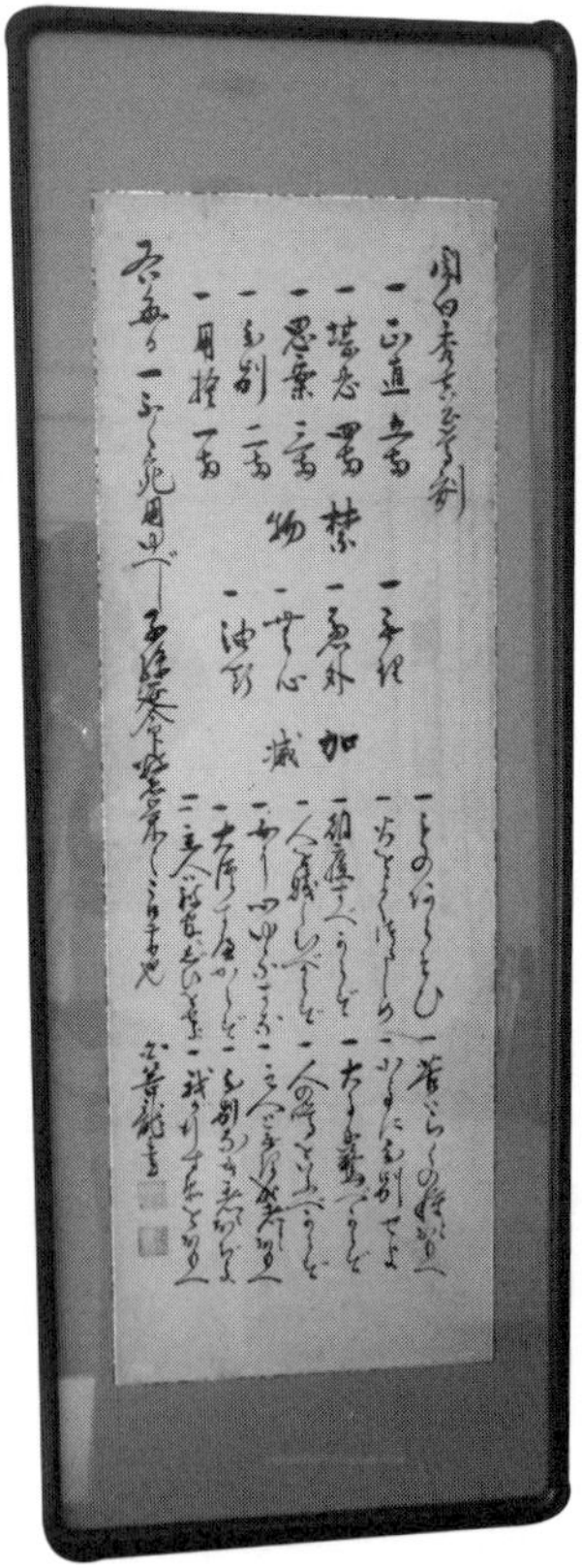

関白秀吉公薬剤

関白秀吉公薬剤

一、正直五両
一、堪忍四両
一、思案三両
一、分別二両
一、用捨一両

《禁物》

一、無理
一、慮外
一、無心
一、油断

《加減》

一、ことの阿らそい
一、火をよく慎め
一、朝寝すべからず
一、人を賎しむべからず
一、女に心をゆるすな
一、大酒すべからず
一、主人は被官にじひせよ
一、苦は楽の種とおもえ
一、小事に分別せよ
一、大事に驚くべからず
一、人の噂をいふべからず
一、主人とは無理なる者と思え
一、分別なき者におじよ
一、我が行く末をおもえ

各毎日一ふく宛　用ゆべし　子孫延命繁栄之良薬也　国善龍書

なかなか含蓄のある内容である。「主人とは無理なる者と思え」とは秀吉が信長のことを言っているとしたら、さもありなんと合点する。最後の「わが行く末を思え」とは、家訓の最後のメ言葉としては大変に意義深い。

しかし、本当に秀吉の家訓なのだろうか。

家康には「人の一生は重き荷を負うて遠き道を行くが如し、必ず急ぐべからず」と言う有名な家訓があるが、秀吉が家訓を遺したとは伝わっていない。

また、この古文書は江戸時代末期のもので秀吉の時代のものではない。

実は、水戸の黄門様・徳川光圀《とくがわみつくに》の遺訓に共通する記述が多くある。これから推察すると、多分、光圀の遺訓を下敷きに、江戸時代の人が創作したものではないかと思われる。

徳川光圀の遺訓

苦は楽のたね楽は苦のたねと知るべし
主人と親は無理なるものと思ひ恩を忘るることなかれ
下人はたらわぬものと知るべし
子程に親を思い子なきものは身にくらべて近きを手本とすべし
掟に怖じよ
分別なきものに怖じよ
朝寝すべからず　長座すべからず
小事もあなどらず　大事も驚くべからず
慾と色と酒はかたきと知るべし
九分は足らず　十分はこぼるると知るべし
分別は堪忍にありと知るべし
正直は一生の宝　堪忍は一生の相続

慈悲は一生の祈祷と知るべし

この古文書『関白秀吉公薬剤』は水戸の近くの土浦で所蔵されていたもので、同所には水戸学の藤田東湖の書も伝わっているので、水戸学の関係者が創作したものではないかと推測している。江戸時代においては、徳川の敵であった秀吉を評価するような書を表すことは、通常は憚りあることだっただが、幕末に尊皇攘夷《そんのうじょうい》を唱えた水戸学の人達は、比較的自由にものを言っていたようだ。

国善龍という署名と落款《らっかん》があるが、この人物が残念ながら特定できない。これがわかると、なぜこのような書が存在するのかがはっきりするだろう。さらに、研究をしてみたいと思っている。

注：水戸学＝江戸時代に水戸藩で生まれた儒教を核に日本的な神道などの思想を加味した政治思想。尊王思想を含んでいたため、明治維新の勤王の志士に多くの影響を与えた。

親とは無理なるものと思え

24▼▼絵描きになりたかった父と八千穂の美術館

私の父・玉生道經（１９１０〜２０００）は、法務省の役人だったのだが、在任中からたくさんの絵を描いていた。どうやら、幼少のころから絵描きになりたかったのが、両親の大反対で絵描きをあきらめ、大学に行き役人になったということのようだ。

父の実家は素封家で、そこに小室翠雲《こむろすいうん》が寄食していて、祖父を初め近所の人を集めて画塾を開いていたということである。その様子を見ていた父は絵描きにあこがれを持ったのではないかと思う。

小室翠雲（１８７４〜１９４５）は、明治・大正・昭和と活躍した南画家で、帝室技芸員《ていしつぎげいいん》であった。帝室技芸員とは、今でいえば芸術院会員のようなもので、横山大観、河合玉堂、高村光雲なども帝室技芸員だった。

絵描きになりたかった父は、役所をさぼってよく絵を描いていた。父が最も絵に入れ込んでいたのは、40歳代で浦和少年鑑別所長を務めていた頃である。当時の浦和には、寺内萬次郎、高田誠、斎藤三郎など高名な洋画家がいた。また、私の母の兄の嫁が森田元子という一応名の知れた女流画家だった。森田元子は女子美術大学の教授で、光風会の審査員もしていた。そのため、父は光風会に出品していたのだが、審査に通るまで、父はいつもイライラしていた。父は心配していることも考えていることもすべて口に出るという性格だった。「審査員は俺の絵の良さを理解するだろうか、いやもっと展覧会で目立つ色使いをするべきだった」、などなど一日中しゃべっていた。こういう時は、鑑別所長としての仕事のことはまったく忘れていたに違いない。

その父が60歳になり、めでたく退官し、待ってましたとばかり本職の絵描きになった。一日中絵を描くようになり、まさに描きに描いた。幸い、世話してくれる人がいて、銀座の松坂屋で個展を開くことになり、実に14回も開催した。それなりにファンもいて、少しは売れるようになったのであるが、売上は画材代を賄える程度で、豊かな第2の人生を送るというには少々足りなかった。

斎藤三郎の作品
（斎藤画伯が目の前で描いてくれたスケッチ、その場にあった泥を塗りつけて仕上げている）

個展の準備・運営は母がやっていたのであるが、１９７７年に母が急逝し、その仕事は私に回ってきた。他にやる人がいないのでやらざるを得ない。会場の日程を決め、案内状を発送し、出品作品を選び、額縁を準備するなど、やることは山ほどある。会場に飾っても、会期中に全部売れるわけではない。かなりの作品が戻ってくる。

父の絵は油絵なのであるが、一筆一筆描き込むのではなく、南画の墨絵のように一筆で山の稜線を描き、一筆で樹木を表現するという描き方のものが多いため、次々と絵が出来上がる。南画の小室翠雲の筆使いにあこがれたため、そのような書き方を油絵で実現しようとしていた。

日の出とともに起き出して描き始めるので、カンバスが山積みになる。アトリエからあふれ出し、廊下にも積み上げられ、そのうち子供部屋にも置かれるようになった。

この厄介な親を持て余している時に、父は「美術館が欲しい」と言い出した。とんでもない、そんな金がかかることはできるわけがないと、心の中で叫び、無視をしていた。しかし、父は毎日のように美術館が欲しいと言い続ける。

しかし、待てよ！　美術館があれば家の中の山積みの絵は片付く。山の中の安い土地であればできなくはないのではないかと思い始めた。色々と考えて、会員制のリゾートクラブにすれば、開館資金を集めることができるのではないか、私の友人や父のお弟子さんにお願いすれば、協力してくれる人も多くいるのではないか、と思うようになった。父の術中にハマったわけである。

そこで、知恵を絞って〝美術館付き会員制リゾートクラブ〟案を考案した。幸い、長野県の小海線の八千穂駅から車で10分のところにある建物を安く買い取ることができると言うので、具体的な計画ができた。周辺は八千穂村が分譲している別荘地である。（八千穂村は市町村合併で佐久穂町となっている）

説明会を開き、会員を募集したところ30人ほどが応募してくれた。私も特別出資、親戚からも借金をして、資金を増やし、何とか建物を改造し、美術館らしきものを建てることができた。その建物は、元レストランで大きな2階建てだったので、リフォームをして10人ほどが泊まれるようにし、さらに、新たに別棟を建て展示館とした。

玉生道經記念美術館

この〝美術館付き会員制リゾートクラブ〟を「八千穂会」と名付け、1990年5月に何とか開館に漕ぎ着けた。開館パーティーには八千穂村の村長さんをお招きし、挨拶をしていただいた。

父の友人も集まってくれた。役人を辞してから絵描きになり、美術館まで建ったことを友人たちに見せることができたのだから、父としては相当にうれしかったようだ。息子としての私は大きな親孝行をしたわけであるが、大きな借財を負った。

できた当初は、会員たちとその子息の利用が盛んだった。私の息子たちも友人を誘って何度も泊まりに行っていた。私も、春になると若手社員を引き連れて合宿旅行をしていた。

ところが、数年経ち会員の子息たちが社会人になったら、ぱったりと利用が無くなった。私の息子たちも行かなくなってしまった。

集めた資金は底をつき、やむなく、私の財布から資金補充をしていた。おまけに、標高が1200メートルもあったので、冬を越すと何かしらの雪の被害があり、修理にお金がかかった。もう、立ち行かないのは明らかである。

ところが、利用頻度が高い会員がいた。奥山亮君とその兄上が、イワナを釣るためにたびたび利用していた。奥山君はライオンの後輩で私のスキー友達。お兄さんは元第一勧業銀行の取締役を経て、シーガイアの副社長を務めていた方である。

そこで、奥山君を訪ね、「奥山家の別荘として買い取ってくれないか」とお願いをした。幸いにも、お兄さんも了解してくれて、買い取ってくれることになった。

これで解散のスキームができた。もう父も亡くなっていたので、会員総会を開き「八千穂会」を解散することにした。奥山兄弟から受け取った売却代金を全会員に分配し、さらに父の絵を1点ずつ差し上げ、頭を下げてお願いをした。ありがたいことには、皆さんにご理解をいただいた。

奥山兄弟は、その後も頻繁に利用し、釣りとゴルフを楽しんでいる。しかも、彼らは「八千穂会」元会員の方々はいつでも泊まりに来ていただいて結構だと言ってくれている。まことにありがたいことである。

これで、私の重荷が1つ軽くなった。

この「八千穂会」を作り、解散したという一連の手続きは、その後の会社の設立や総会の開き方、解散の仕方など良い経験になった。

追記1：奥山亮君は私のライオン時代の後輩であるが、慶応大学で齋藤充弘さんと大の親友だった。齋藤さんは日本最大の食品スーパーのボランタリーチェーン・全日食の会長で、2017年には一般社団法人日本ボランタリーチェーン協会の会長にも選出された。私が会長を務めている一般社団法人流通問題研究協会では副会長をお願いしている。近頃は、齋藤さんとは戸塚カントリークラブでのゴルフのライバルである。

追記2：一応、父の名誉のために追記したい。父玉生道經は役人時代に「矯正技術の基礎（犯罪者の性格と社会教育）」、「少年期の犯罪」などの本を著し、犯罪心理学者として多くの業績を残している。役人最後の役職は東京少年鑑別所長で、東大事件で収監された学生たちの心理学的・精神医学的な鑑別を行った。退官時に異例の法務大臣賞を受賞している。

稲村ヶ崎の海 F8

親とは有り難いものと思え

25▼▼父の友人と母の友人

父には、多くの友人がいた。

まず、相良守次先生（1903～1986）。「欲求の心理」（岩波新書）の著者である。経営学を少しでも学んだ人は、有名なマズローの欲求の5段階説をこの本で読んだのではないかと思う。相良先生は、父の旧制水戸高校と東大の心理学科両方の先輩である。ご自宅が鵠沼にあり、父を車に乗せて何回かお邪魔したことがある。その時は、そんなすごい先生であることを知らなかった。しかも、「欲求の心理」を買って読んだことがあるのに、その本の著者であることにしばらく気が付かなかったのである。相良先生と父との会話を横で聞いていていただけだった。今になって、もっと聞いておけばよかった、質問したかったことが心に浮かんでいる。

辰濃和男さん（1930～2017）が我が家に来るようになったのは、私がまだ小学生のころである。辰濃さんは、朝日新聞の新人記者であったが、後に「天声人語」を十数年も書き続け、日本エッセイストクラブの理事長にもなった名筆家である。まだ住宅事情が悪いころだったので、小さな炬燵に父と母と辰濃さん、そこに姉と私が一緒に入り、大人たちの話をじっと聴いていた。内容は分からないのであるが言葉使いが耳に残る。ある日、学校で「むしろ、何々の方が良い」というような言い方をしたら、級友から「ムシロ」ってなんだと言われた覚えがある。辰濃さんは、父が退官した時に、「名物所長さん、惜しまれつつ退官」という記事を書いてくれて、朝日新聞の全国版に載った。別稿にも書いたが、父の葬儀では火葬場までお付き合いくださった。

飯塚友一郎先生（１８９４〜１９８３）は、父が退官後に紹介してくれる人があり、お付き合いするようになった方である。飯塚先生は鎌倉の腰越に住んでいた。飯塚先生は「歌舞伎概論」などを著した方でその世界では有名人。先の稿で、偉そうに歌舞伎の蘊蓄を書いたが、これは飯塚先生から聞いた耳学 .問である。多少とも、私に歌舞伎の知識があるのは、この方のお陰である。

布施健検事総長（１９１２〜１９８８）に、父に連れられて会いに行ったことがある。父が法務省にいた頃に仕事で知り合ったのだと思うが、お目にかかった時は、温厚な感じで、すごい人とは知らなかった。戦時中に布施総長はゾルゲ事件を担当し、評価され、後に検事総長となりロッキード事件で田中角栄を逮捕した人である。姉の結婚式に出席してくださり挨拶もしてくれた。また、布施総長の前任者大沢一郎氏とも父は知り合いで、父が退官後、お世話になった。父が14回も個展を開いた銀座松坂屋の美術部を紹介してくれたのは、この大沢氏である。

母に連れられてよく行ったのは、有島生馬（１８８２〜１９７４）のお宅である。母は、１人娘の暁子さんと同級生であったのだが、どういうわけか奥様の信子さんと仲が良かったようだ。〝お信《のぶ》さん〟と呼んでいた。有島画伯も母が来るのを喜んでいるように見えた。何度もお邪魔していた有島邸は、稲村ケ崎の海辺にあり、コロニアルスタイルの洋館であった。有島画伯は、船で材木を陸揚げして建てたことを自慢していた。今は長野県に移築され記念館になっている。有島生馬は明治時代にヨーロッパに渡り、印象派を日本に紹介し、多くの若手画家を育てた方である。また、白樺派の同人として文学にも足跡を残している。白樺派には志賀直哉、武者小路実篤、また実兄の有島武郎、実弟の里見弴などが参加し、明治・大正時代の文学をリードした。

有島生馬による愛妻のスケッチ

また、鎌倉長谷の吉屋信子（1896〜1973）のお宅にも、母に連れられてお邪魔したことがある。「吉屋信子さんのところに行くからついてきなさい」と言われ、一緒に行った。私は、もう大学生だったのだが、母のお供をして吉屋邸にお邪魔した。玄関に着くと、もう大歓迎という風で屋敷に上げてくれた。吉屋信子と言えば少女小説作家で有名だが、本人はレズビアンとして知られていた。どうも、母のことが好きだったことがあったのではないかと思わせる風であった。帰りには、タクシーを呼んでくれ、お土産まで頂戴した。今、その吉屋信子邸は記念館になっている。

父と母と３人で会いに行ったのは、エリザベスサンダースホームを創設した沢田美喜（１９０１〜１９８０）である。エリザベスサンダースホームは、混血児のための児童養護施設で、終戦直後にアメリカ兵と日本女性の間で生まれた混血の私生児を引き取り育てるために大磯の地に設立された。戦争に負けた日本の女性の中には、アメリカ兵に身を売って生きていくしかない人たちがいた。一般の人たちは、敵兵に媚びを売ることを良しとせず、彼女らをパンパンと呼び、軽蔑する人が多かった。彼女らは、子供ができてしまった場合、育てることができず、施設に頼っていた。沢田美喜は、聖ステパノ学園という学校も作り、１４００人もの戦後の混血児たちを養育し、世に送り出したのである。

実は、沢田美喜は三菱の創業者・岩崎弥太郎の孫娘なのである。外交官の沢田廉三と結婚し、ロンドンに在住していた時に訪れた孤児院の院長の「捨てられた子を魅力的な人間に育てることは、素晴らしい魔法だ」という言葉に感銘を受け、社会福祉に関心を深めた。帰国して、沢田美喜はエリザベスサンダースホームを作ったのだが、当初は世間の理解を得られなかった。ところが、親交のあったグレース・ケリー（モナコ公妃）の支援を受けるようになってから軌道に乗り出したというから凄い。私が会った時の、沢田氏はエネルギッシュにしゃべる方で、卒業した子供たちがいかに活躍するようになったかを自慢していた。

父にも母にも連れられて様々な人に会った。しかし、まだまだ未熟な私は十分に受け止めることができていなかったが、何となく、このような人が世の中にはいるのだな、人の価値には色々あるのだなということが分かった。この方たちは、たゆまぬ努力を続けているのだということも見て取れた。無理かもしれないが、自分もこうあらねばならないと、心の奥で思うようになった。やはり、父と母のお陰である。

注：ゾルゲ事件＝戦時中に発覚したリヒャルト・ゾルゲを中心とするソ連のスパイ網を日本の検察が摘発し逮捕した事件。元朝日新聞の記者で内閣嘱託を務めていた人物など多数摘発され、国内に大きな衝撃を与えた。

異色の体験も大切

26▼▼自衛隊の援護課

縁あって自衛隊の空将とゴルフをした。その空将は航空機の開発を担当する技術系の方で、新型輸送機を開発していると言うので基地に伺って見せてもらうことになった。彼が自慢する新型輸送機Ｃ２は実に美しい姿をしていた。すでに公表されているので、写真で見た方もいると思うが、現在は試作機を2機作り試験飛行中である。お世辞半分で、次期政府専用機にも使えるのではないかと言ったら、成層圏を飛べないので無理だと言われた。装甲車などを積むための開口部の気密性が成層圏では堪えられないのだそうだ。

さて、その後、講演の依頼があったので、航空自衛隊の各務原基地で隊員を前に「美しい日本と日本のインフラの凄さ」という演題でお話をした。それなりに喜んでもらったようだ。講演の後、Ｆ15戦闘機に乗せてもらった。一応飛行服を着てパイロットの後ろの座席に座った。飛行服は体にぴったり合っていて、服に両足を入れ、両腕を通しチャックを占めると体が強く締め付けられる。さらに、足の部分に空気を入れ圧迫する。強い加速度があると血液が頭から足へと下がってしまうことを避けるためだそうだ。空を飛びたかったのだが、Ｆ15で空を飛ぶと素人は気絶するということで、滑走路を走るだけだっ

Ｃ２の写真

た。それでも、強力な加速の重圧を感じることができた。

そんな縁ができたので、私が主催する勉強会で自衛隊見学会を企画し、那覇基地に出かけたこともある。そこで、パトリオットの訓練を見学した。迷彩色に塗られた大型トラック数台が装備を次々と組み上げ、電源車とレーダー車と発射台とがつながると、パトリオットが空に向かって立ち上がる。その間15分ほど。折り悪く豪雨がやって来たのだが、その雨の中てきぱきと隊員たちは立ち働いていた。北の方からミサイルが飛んで来た時の備えをしているわけであるが、士気が高い様子を見ていると、頼もしく思える。

F15の写真、右が飛行服を着た私

そんなお付き合いをしているうちに、自衛隊の方が時々訪ねてくるようになった。その方の所属は防衛省の「援護業務課」という部署の人である。援護業務とは、援護射撃でもなく、負傷者を援護する仕事でもない。実は、定年後の自衛官の再就職のお世話する人達なのである。自衛官の定年は早く、早い人で53歳、多くは55歳、将官クラス以外は60歳未満で退職を迎えるということである。民間企業の定年は長くなっているのに対して、相当に早い。50歳代で辞める人は、まだまだ十分に働けるので再就職先を探さなければならない。

大手の運輸会社がたくさんの元自衛官を採用しているそうだが、頑強な人が多く、車の運転免許だけでなくブルドーザーなどの特殊免許を持っている人もいる。なにしろ、まじめで規律正しく、欠勤もないため、評価が高い。

災害救助と復興であれだけ活躍している自衛官が50歳代で職がなくなるのは、あまりにもお気の毒である。できればよい職場に就職できるようにお世話したいものである。

ちなみに、インテックは、雫石事故の時の責任者と三島事件の時に日本刀で切られた方と潜水艦なだしおの元艦長の3名、いずれも責任を取って退官をした元自衛官を採用している。なだしおの元艦長の山下啓介氏には、何度かお会いしているが、なかなか聡明で落ち着いた人物であった。なるほど、こうして優秀な人材を確保するのかと、感心した覚えがある。

注：＊雫石事故＝1971年岩手県の雫石の上空で自衛隊機と全日空機が接触し双方とも墜落し162人が犠牲になったという、当時としては日本最大の航空事故。

＊三島由紀夫事件＝1970年当時の有名作家三島由紀夫が、市ヶ谷の自衛隊駐屯地の総監を人質にし、バルコニーで決起を促す演説をした後、割腹自殺した事件。

＊なだしお海難事故＝1988年横須賀沖で遊漁船と自衛隊の潜水艦なだしおが衝突し30人が犠牲になった事故。

命は大切にしよう

27▼▼救急医療の運不運

私の大学時代の一番の親友中村武郎君は、胃癌が見つかり、胃の摘出手術を受けた。術後に自宅で養生していたところ、突然腹部の激痛に襲われた。彼は、手術が失敗したのではないか、早くもどこかに転移したのではないか、不安にさいなまれた。再び、入院し検査してもらったところ、何と盲腸炎だった。胃癌の手術から一か月余りで、不運にもまたも開腹手術を受けた。さいわい、それから9年、山中湖の別荘で悠々自適に暮らし、時々ゴルフをしている。彼が入院した病院は、高度な医療ができる総合病院だったので、的確に診断し、最適な医療を施してくれたのだろう。

しかし、突然発症し担ぎ込まれた病院で、必ずしも適切に診断してもらえるとは限らない。かつての仕事の同僚だったK君は、脳梗そくをおこし、救急車に乗ったのだが、なかなか受け入れてくれる病院が見つからず、ようやく診察を受けたのは3時間も経過した後だった。そのため、半身にマヒが残り、杖をつかないと歩けない状態である。

ところが、運のいい人もいる。私の会社の社外取締役のH氏が、ある晩突然に大動脈解離をおこし、病院に運び込まれた。大動脈解離は、数時間で死んでしまう可能性が高い重篤な病気である。H氏が担ぎ込まれた病院は、近所の小さな病院であったが、非常に幸いなことに、大動脈解離に詳しい心臓外科医が当直していた。素早く診断し、適切な手術が行われ、H氏は一命をとりとめた。今は、大好きだったタバコをやめ、養生に努めた結果、普通に仕事ができるようになっている。

もう1人、わが社の顧問をしてもらっている山田啓蔵氏は、出張中のホテルで、腸閉そくを発症した。夜中に腹部の激痛に襲われ、救急車でホテルの近くの病院に搬送された。これも幸いなことに、腸閉そくに詳しい専門医がその病院の当直医としていたのである。これも放置すると数時間で腸が壊死してしまうという深刻な病気である。

この腸閉そくは、近年、増えているそうである。腸閉そくは、腸がねじれてしまったり、腸が癒着を起こしたりして、便が詰まってしまうわけだが、その増加している背景に何があるかはわかっていないそうだ。腹部の手術を受けたことがある人、男性の場合では脱腸がある人が起こしやすいのだが、まったく突然に起こることもある。血管系では、糖分、脂肪、塩分などに注意することで、予防できるが、腸閉そくの予防を日ごろから考えている人はいないだろう。突然に、嘔吐・腹痛・膨満感が起こったら、救急車を呼ぶべきだろう。

日本の救急医療は進歩していると言われているが、やはり、病状に詳しい医師に巡り合うかは、運次第のようだ。

40年も昔の1980年のことである。

高校の同級生F医師が、虎の門病院で当直医をしていた時に、ご老人が運び込まれてきた。F医師は北海道大学医学部を卒業し医者になって10年目の36歳、専門は産婦人科。

運び込まれてきたご老人の名前は、総理大臣大平正芳70歳。

真面目な性格であった大平総理は、政治的な難局の最中にあり、心臓発作を1度起こしている。その日は2度目の発作だった。残念ながら、大平総理はそこで亡くなってしまった。診察に当たった医師が産婦人科であったことが不運だったのかもしれない。

そのF医師は、いま、徳洲会の理事名誉医院長として活躍している。

つながりを追求してみよう

28▼ブクブク茶、ボテボテ茶、バタバタ茶

富山県の北、新潟県との県境にある朝日町に住んでいるインテックの元役員の方から、地元の伝統的なお茶「バタバタ茶」を世に出したいので知恵を貸してほしいとの依頼があった。地元の有志たちの手で、「バタバタ茶」をパッケージ化して販売を始めたのだが、なかなか売れないということであった。

伝承によると、「バタバタ茶」は室町時代にやってきた旅の僧によって伝えられたもので、今でも地元の風習として喫されているということであった。茶畑から摘み取った茶葉を発酵させ、それを大きな器に入れ独特な茶筌でかき回して泡立て、集まった人たちで飲むという風習だそうだ。私も一服いただいてみたが、独特の香りと風合いがある。ただし、相当癖のある味であった。地元の人にとっては、思い入れの深いお茶なのかもしれないが、とても全国で売れるとは思えなかった。

そこで、友人の全国食品スーパーのボランタリーチェーン全日食の齋藤充弘社長（当時）に来てもらって、意見を聞くという段取りをつけた。その齋藤社長には、事前に「とても無理だと思うので、これはダメだと言って、引導を渡してほしい」と電話しておいた。

ところが、その齋藤社長は、熱心に説明してくれる人たちに押されたためか「これは行けるかもしれない」と言い出した。そして、懇意にしている伊藤園に紹介してくれるということになった。

伊藤園は、世界のお茶を調査し商品化の可能性を探索しているので、そういうことであれば、

1度調べてみたいとの返事だった。伊藤園の人たちが、朝日町まで来てくれて材料を研究所に持ち帰った。しかし、残念ながら雑菌が多すぎて、伊藤園の品質基準に合わないということで、採用されることはなかった。

地元の方々にとっては、残念なことだろうが、伊藤園が来てくれたということで面目が立ったのではないだろうか。地元では伝統を守っていこうという機運が盛り上がっているということである。

その数年後、松江に行き松江城や小泉八雲記念館を見学する機会があり、街を歩いていると、「ボテボテ茶」という看板を見つけた。聞いてみると、発酵させたお茶を茶筌で泡立てるという。そういえば沖縄にも「ブクブク茶」というお茶があったことを思い出した。沖縄の「ブクブク茶」も茶筌で泡立てるお茶である。

これだけよく似たお茶が、3か所に伝えられているのには、何か意味があるのではないかと思わざるをえない。何しろ、名前が似ている。そして、発酵したお茶、大きな器と茶筌で泡立てて飲む、共通点が多い。特に富山と沖縄の茶筌は、茶道で使う華奢な茶筌ではなく、太い竹を加工した手作り感のある大きなものであり、茶道が発達する以前からあったことをうかがわせる。

富山、松江、沖縄と言えば、北前船で伝わったモノか？　江戸時代からかなりの規模で北海道の昆布がこのルートで富山にもたらされ、沖縄にも運ばれている。富山も沖縄も昆布は取れないのだが、消費量は全国で1位と2位である。

あるいは、発酵茶のルーツのである大陸の南方から海を渡って伝わったモノなのか？　沖縄のブクブクは明らかに泡を表している。松江のボテボテもそれに近い、富山のバタバタは、地元の説明によると泡立てるときの音《おと》を表しているということだが、伝えられるにつれて音《おん》が変化したものであるような気がする。と考えると、南から伝承したもののようにも思える。

ネットで調べると、3つとも、説明するサイトが存在するが、3つを比較して考察するサイトはないようだ。そこで、このことを民俗学の研究者に教えてあげたら、興味を持ってくれたが、研究は進んでいない。出張する予算がないということだ。残念。

世の中は広いのだ

29▼▼ジャクエッ

私が評議委員をしている一般社団法人企業研究会で福井県敦賀市のジャクエツという会社の見学に行くことになった。

ジャクエツ？　聞いたことがない。

ところが、幼稚園や保育園の関係者の間では知らない人はいないという有名会社だと言う。元々は、お寺が始めた幼稚園で、自ら園児用の遊具を作ったことから、ジャクエツは始まったそうだ。園児が安全に遊べる滑り台やジャングルジムなどを作っている。そして、それから発展して、園児用制服、文具、さらには幼稚園の建物の設計施工まで、幼稚園で必要とするあらゆるものを手広く製造販売し、全国展開している。

ジャクエツを訪問し、案内された部屋は余裕のある広い部屋で、ステンドグラスの窓があり、北村西望や舟越桂の彫刻、千住博の絵画などがそれとなく飾ってある。敷地を横切って、隣接する工場の見学をしたが、敷地の奥の車庫にはロールスロイスとベンツのマイバッハがあった。公開会社ではないのでどれほどの利益を上げているかは不明であるが、相当の優良会社のようである。

なお、ジャクエツとは、若狭と越前から1文字ずつ取った「若越」だそうだ。

それから、数年後、同じく企業研究会の視察ツアーで、セーレンの見学をした。セーレンも福井県の会社である。セーレンはカネボウが破たんした時に、繊維部門を買い取った会社である。化粧品部門は花王が買ったことはよく知られていることであるが、セーレンが繊維部門を買ったことを覚えている人は多くはない。元々は紡績会社であったが、カネボウを買収したことによって、紡績から織布、デザイン、縫製まで、一貫した生産能力を持つようになった。一般的なアパレル、スポーツ用衣料などの製造販売をしているが、なかでも自動車のシートの布では、高いシェアを有している。

さらに、昆布の老舗 奥井海生堂も知る人ぞ知るという福井県の会社である。奥井海生堂は北海道の昆布を京都の料亭に卸すという商売を手広く行っている。京都の有名料亭は殆どお客さんだということである。近頃、東京日本橋のコレド室町にお店を出した。

福井県には新幹線はなく、高速道路も途切れている。近年、地方創生が叫ばれているが、自ら努力して成功している会社が福井県には多くある。メガネで有名な鯖江市も福井県である。さ

北村西望作「将軍の孫」

すが、明治維新の英傑・松平春嶽のおひざ元である。

富山県にも多くの優良会社がある。インテックの本社ビルが富山駅近くにそびえ建っているが、富山には世界にファスナーを売っているYKKを筆頭に、産業機械の不二越などの大きな会社がある。また、富山と言えばクスリであるが、配置薬の製造をしている廣貫堂、ジェネリック医薬品の日医工などがある。そして、クスリや化粧品のパッケージの精密印刷をする朝日印刷がある。印刷工場がクリーンルームという、めったにない高精度印刷を得意としている。ユニークな技術を持つスギノマシンは、水流でカッティングをする装置を開発した。さらに、日本で10番目の自動車メーカー光岡自動車は、マニアが喜びそうなデザインの乗用車を

インテックの本社ビル

作っている。

　岡山県のナカシマプロペラ株式会社の社長中島基善さんとは旧知の仲である。船のスクリューを製造していて、世界シェアが30％ほどだそうだ。大型鋳物と金属研磨技術によって、精密なスクリューを製造販売している。最近、３Ｄプリンターが話題になっているが、私が初めて３Ｄプリンターを見たのはこのナカシマプロペラの研究所であった。もう20年近くも前のことである。また、ナカシマプロペラは金属研磨技術を活かして人工関節の製造もしている。

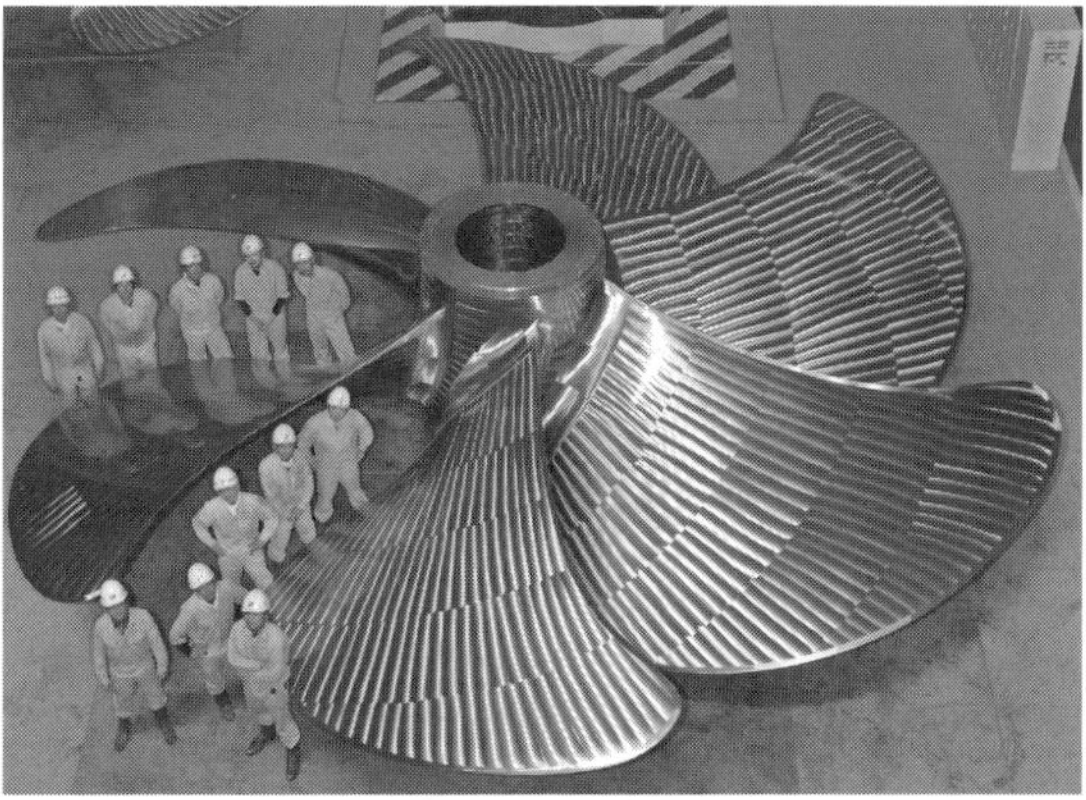
ナカシマプロペラの巨大スクリュー

　この中島さんの紹介でインブルーという会社を知った。岡山の地場産業のデニム生地を活かしたスーツなどを製造販売している。私も、デニム生地の背広を一着オーダーしたが、デニムとは思えない肌触りと風合いで、おしゃれに着ることができる。

　また、岡山の会社と言えば、林原である。この会社も見学したことがある。玄関に「高野の昼寝」と書かれた額が飾ってあった。「高野の昼寝」とは高僧・学僧が多くいる高野山には、昼寝をしていても、日本中の情報が集まってくるという意味だそうだ。林原はトレハロースなどの人工甘味料がヒットしたのだが、美術館を作ったり、モンゴルで発掘事業をしたり、広げ過ぎた多角化と昼寝を少々し過ぎたためか、破たんしてしまった。現在は、長瀬産業の傘下になっている。しかし、岡山県にとっては重要な企業であることには変わりない。ベネッセも岡山県発祥の会社である。教育産業で成功し、瀬戸内海の直島にベネッセ美術館を建て、島全体をアートの島にして、多くの観光客を呼び寄せている。

以上、福井県、富山県、岡山県の3県だけの例であるが、地方にはユニークな会社が数多く存在する。まだまだ、日本の地方は見捨てたものではない。

しかしながら、以上名前を挙げた会社十数社のうち、私の知る限りで、4社で内紛があり、後継者問題を抱えているところもある。私の偏見かもしれないが、地方企業は、組織的な問題を起こすことが多いように思える。

地方で成功した企業は親戚縁者を経営に呼び入れることが多いようだ。また、成功した経営者一族は、その地方の名家となり、エリート意識を持つようになるのも、災いしているようにも見える。

せっかくできた地方企業である。大事にしてもらいたいものである。

困っている人を助けよう

30▼▼3・11東日本大震災

3・11の東日本大震災の時は、幕張にいた。ちょうど、幕張メッセでJAPANドラッグストアショーが行われている時だった。会場の床には亀裂が走り、道路は液状化現象で水浸しになった。その晩は、幕張に泊まる予定でホテルを予約していたため、震災難民になる心配はなかったのだが、情報を聞くにしたがって、未曽有の大災害だと分かったため、まずは会社に帰ることにした。

会場にいた流通問題研究協会の三浦功会長（当時）にホテルの部屋を譲り、車で東京に向かった。三浦さんは地獄で仏に会ったようだと言っていた（このためかどうか分からないが、その年の5月に同協会の会長職を私に譲ってくれた）。

何とか帰ろうとして駅に向かった人達は、駅の近くの小学校で寒い夜を過ごした。ホテルのロビーに避難していた人達は、津波が来るかもしれないということで、全員が上の階に移動し、宴会場や会議室、あるいは廊下で一夜を明かした。これらの人たちは、寒い思いをせず一夜を明かすことができた。中には、絨毯敷きの宴会場で車座になって酒を飲んで過ごしたという人もいるということである。

この日の夜には、ドラッグストアショーのレセプションが行われる予定だったため、大手ドラッグストア、製薬メーカー、化粧品メーカーのトップや幹部が数百人、国会議員も数名、関連省庁のお役人も多数来場していた。これらの人々も、大半が帰宅難民となった。

車を発進しようとしていた時に、顔見知りの米田幸正スギ薬局社長（当時）がいたので、車に誘い入れて出発した。ところが、道路は大渋滞し、遅々として進まない。そのため、米田さんとはじっくり話を交わすことができ、米田さんの人となりを理解することができた。米田さんは伊藤忠商事から株式会社ハックキミサワ（現株式会社ＣＦＳコーポレーション）の代表取締役を経て、ピジョンの常務取締役になり、さらにスギ薬局の社長となった。震災直後には、エステーの社長にもなった。しかし、ＣＦＳでもスギ薬局でもエステーでも短期の中継ぎ社長であった。現在は、大王製紙の社外取締役とコンサルタント会社のシーオスの社外取締役になっている。米田さんは品の良い紳士で、かつ正義感の強い方である。一緒に仕事をしてみたいと思わせる人物であるが、どうも巡り合わせが悪いようだ。

大渋滞をようやく脱して、浜松町のプラネット社に到着したのは翌日の明け方であった。米田さんも迎えに来ていたご家族と合流できた。

会社に入ると、数人の社員が残っていて、システムの監視をしていた。ありがたいことに、システムは無事だった。日ごろの安全対策が効を奏したようだ。

ドラッグストア業界の人にとっては、「３・11の幕張」は、尽きない話題である。業界の人達は、話題が途切れたら「３・11の時、どうしていましたか」と言えばいい。話がさらに続くのは間違いない。

雀っ子 SM
（立花和郎氏所蔵）

蘊蓄を語ろう

31▼▼放射能問題

大学は文科系だったが、どうも私の頭は理科系のようだ。実は、高校では物理部にも在籍し、放射線の観察をしたこともある。

したがって、放射能についてもそれなりに理解している。そこで、3・11東日本大震災の直後、月刊誌の国際商業に「放射線　本当に怖いのは無知とデマ」というタイトルの原稿を投稿した。国際商業にはたびたび寄稿しているので、一方的に書いて突然原稿を知合いの編集者に送りつけたのである。すると、びっくりしたようだが、内容を見て、これこそ求めていた原稿で、ありがたいと言ってくれた。

放射線は目に見えないと言われているが、実は目で見ることができるのである。ウィルソンの霧箱という簡単な装置で見ることができる。密閉した箱に水蒸気を満たしドライアイスで冷すと、飛んできた放射線の軌跡が霧の粒となって見えるのである。高校時代にこの霧箱を手作りし観察していた。箱に夜光塗料が塗られた腕時計を入れた。実は、1970年以前の夜光塗料にはセシウムが含まれていたのである。見るとセシウムの放射線は弱く、数センチしか飛ばない。

したがって、体内に入れない限りほとんど危険はない。体内に入ると数センチの飛距離でも細胞に当たり、当たり所が悪ければ癌になることがある。チェルノブイリでは、セシウムが付着した牧草を食べた牛の牛乳を飲んだため、子供の甲状腺癌が増えてしまった。日本では、知識があるのだから、注意すればチェルノブイリのようにはならないだろう。

と、・・このようなことを書いて国際商業に寄稿したのであるが、読んだ方からは、意外な内容なので驚いたという声を頂いた。2回だけだが、放射能問題についても講演してほしいとの依頼も頂戴した。仕方がないから、「ＢＣＰと放射能問題」という演題にして、蘊蓄《うんちく》を織り交ぜて話をしたら、それなりに好評だった。

注：BCP＝Business Continuity Plan 事業継続計画。大地震や大規模な感染症被害（パンデミック）などが派生した際に、事業を継続するためにあらかじめ準備しておく計画。

ここで、放射能問題についての蘊蓄を少し紹介したい。

放射性物質としては、セシウムは比較的軽い物質であるため、福島第1原発の事故では、遠くまで飛び散った。セシウムは摂氏28度で液体になるという厄介な金属で、地上の砂などに付着する。除染と言って、表面の土を移動させているが、それはセシウムが付着した土を取り除いているわけである。

ところで、ウランは半減期が過ぎると鉛になるということは知られているが30年の半減期が過ぎた放射性セシウムは何になるかというと、バリュウムになるのである。鉛のような重金属は毒性があるのだが、ご承知のようにバリュウムは飲んでも害はない。

東日本大震災の時の原発事故以降、新聞に各地の放射線量が通常時との比較表になって掲載されていた。福島、茨城、新宿、横浜など各地のデータが毎日のように発表されていたのを覚えている方も多いだろう。

よく考えてみると、各地の放射線量が以前から測定されていて、それとの比較をしているのである。気温や雨量なら不思議がないが、放射線量を３・11以前の平常時にも各地で観測していたとは、日本政府は何と用意周到なことか。

実は、１９４０年代中頃からアメリカを初めとする多くの国が原爆や水爆の実験を行い、多量の放射性セシウムを空気中にまき散らしていたため、これを観測するために、日本各地で線量の観測を始めていたのである。だから、政府は各地の日ごろの線量を把握していたのである。

中国はゴビ砂漠で核実験を行ったが、ゴビ砂漠の砂は黄砂となって日本に飛んでくるため、日本の線量が高くなると恐れられている。今でも、黄砂にはセシウムが含まれている。

日本の観測値は、世界各地の値と大差なく、それほど心配がないことが分かる。したがって、いつのまにか新聞に載ることがなくなった。

実は、放射線を発するセシウム１３７は自然界には存在しなかった。人工的な核反応によって初めて作られた物質である。ということを利用して、犯罪捜査や考古学に用いられている。犯罪にかかわりのあるモノにセシウム１３７が含まれていなければ、そのモノは１９４５年以前に製造されたモノであるということが分かる。中世のモノと言われている骨とう品にセシウム１３７が含まれていれば贋作であることが分かるというわけである。

ということで、セシウム１３７はありふれた物質になってしまい、すでに人間の体内にも少なからず存在している。では、それによって癌が増えているかというと、そうでもない。

放射線によって癌になるというのは、確率の問題であるからである。赤痢菌を呑めば１００％赤痢になるが、放射線に当たったから必ず癌になるわけではない。放射線によってＤＮＡが傷ついて、異常な細胞分裂をした場合、癌になるのである。しかもそれは、ＤＮＡのホットポイントに当たった場合のみである。

ホットポイントとは、肺の中の細胞であれば、肺を作る設計図が書かれている部分である。ＤＮＡは長い螺旋上の構造をしていて、そこには人体のすべての設計図が書かれている。肺にある細胞の膵臓の設計図の部分に当たっても肺癌は生じない。したがって、確率はもっと低いのである。

確率はかなり低いのだが、ゼロではない。宇宙から飛んできた中性子線一発で膵臓癌になることもないわけではない。相当に運が悪いが、可能性はないわけではない。科学者は、どんなに低い確率でも「可能性はある」と言う。その言質をとって、マスコミは不安を煽る。

もともと、放射線はありふれていて、宇宙線は常に飛んで来ているし、石垣の花こう岩も放射線を発している。したがって、心配しても仕様がないのである。隕石が落ちてきて死ぬかもしれないと日々心配しても仕様がないのと同じである。

それよりも、タバコによって癌になる確率の方が10倍以上高い。放射能の心配をするよりもタバコを避けた方が、よほどリスクを下げることになる。

蘊蓄を語ろう

32▼▼癌の研究

癌という病気は古くから知られていたが、その原因については、わずか50数年前まで、ウイルス原因説と物理的刺激原因説とで論争が闘わされていた。

当然、医学的な研究は行われていたのだが、原因が分からないため、研究のための実験動物を作り出すことができなかった。赤痢であれば、赤痢菌を与えれば赤痢に罹った実験動物を作り出せるのだが、癌に罹った実験動物は作れなかったのである。

ところが、日本人の山極勝三郎（１８６３～１９３０）という学者が癌に罹ったウサギを作り出すことに世界で初めて成功した。どのようにしたかというと、ウサギの耳にコールタールを塗り続けたのである。

ヨーロッパでは、煙突掃除人に癌が多く発生していたので、煙突の煤が疑われていた。煤もコールタールも主たる元素は炭素である。炭素は、たんぱく質には必ず含まれているため、細胞と結びつきやすい。

この山極勝三郎は１９２６年のノーベル賞の有力候補だった。もし受賞していれば、日本人初のノーベル賞受賞者・湯川秀樹より23年も早い受賞者になっていたはずである。ほぼ同時期にデンマークのヨハンス・フィビゲルという学者も癌を作り出したと発表していて、フィビゲルの方にノーベル賞が与えられてしまった。ところが、数年後フィビゲルの実験は間違いだったことが判明した。やはり、極東アジアの日本人が理解されることは難しかったのかもしれない。

有機物を燃やすとコールタールなど炭素化合物が生じる。タバコを燃やして煙を吸い込んでいる人は、毎日自分の肺にコールタールを塗り続けているようなものである。即刻、やめるべきであるのだが、タバコを吸い続けて一生癌に罹らない人もいる。ヘビースモーカーは癌の宝くじを大量に買い続けているようなもので肺癌になる確率は高いのだが、運よく一生の間に肺の細胞のＤＮＡのホットポイントに当たらなかったという人は癌を免れる。そのような幸運な人もいるため、自分の幸運を信じてタバコをやめない人が多い。

だが、タバコは周囲の人にも迷惑をかける。タバコは低温でくすぶっている時ほど有害な炭素化合物が多く含んだ副流煙が出る。周囲にいる人はその副流煙を吸い込まされているので、癌を発症させてしまうかもしれないのである。

酒飲みは自分の肝臓を弱らせるが、酒飲みが周囲の人の肝臓を傷めるわけではない。タバコ飲みは周囲の人も癌にさせてしまうかも知れないので、他人に迷惑をかけないようにする配慮が絶対に必要である。

稲村ヶ崎 雪景 F6

やはり健康は大事

33 ▼▼ 前立腺問題

癌の原因は、ウサギの耳にコールタールを塗り続けるという実験で、炭素化合物であることが分かったのだが、放射線によってＤＮＡが傷ついて癌細胞が生じることもある。紫外線も放射線の一種であるが、皮膚がんを生じさせることもある。さらに、ウイルスよる肝硬変が癌化することもある。要するに、何らかの刺激でＤＮＡが傷つき、異常細胞を増殖させてしまうというのが癌という病気なのである。

厄介なことには、前立腺癌は男性ホルモンによってなるということである。

高齢化とともに、男性の多くが前立腺肥大症となり、尿の出が悪くなる。肥大症のうち一定の割合で癌になる人がいるようだ。

かく言う私も前立腺肥大症で、クスリを処方されていた。ある日ゴルフに行き、機嫌よくドライバーを飛ばしていたら、同伴者の医者に「玉生さんは、身体の具合が悪いところはないのですか」と訊かれた。

「そうですね、頭が悪いのと口が悪いくらいでしょうかね。あとは、前立腺肥大があります」

「何かクスリを飲んでいますか?」

「ユリーフというクスリを飲んでいます」

「そのクスリを飲むと、ドライバーの飛距離が落ちるでしょう」と、その医者が言った。

確かに、このクスリは男性ホルモンを抑える作用があるようで、筋力にも影響するのかも知れない。少々の頻尿と出が悪くても、生活に大きな支障がないので、クスリを飲むのをやめてしまった。

そのためか、それから5年後の人間ドックで、腫瘍マーカーのPSA値が上がっているのが見つかった。さらに、検査をしたところ、小さな癌があるのが発見された。幸い、転移がないことが確認され、主治医は寿命に影響することは少ないだろうと言ってくれている。

私の友人のM君も前立腺に小さな癌が見つかり、ホルモン治療をしている。治療に入る前に医者から「男性機能に影響が出るかも知れないので奥さんの承諾を得てください」と言われたということである。勿論、奥方の許諾を得て治療をしている。

私は隠し事はしない方なので、友人達にカミングアウトしたら、次々と実は私も、と言う人が10人ぐらい出てきた。また、親戚にも2人いる。1人は放射線物質が入ったカプセルを前立腺に埋め込むという治療をしているが、92歳である。摘出手術をした従兄弟は82歳である。

どうやら、それほど心配がなさそうなので、高校のOB会ゴルフコンペに参加したら、そこにゴルフ好きのY医師と大病院の院長のN医師がいて山ほどセカンドオピニオンを聞かされた。また、10年前に摘出手術をしたという仲間がいて経験談を語ってくれた。おまけに僧侶もいて最期は任せてくれと言う。散々な話であるが、みんなが心配してくれるのはありがたいことである。

水仙 SM

世の中には凄いヤツがいるものである

34▼▼村田ゼミの卒業生

慶応大学商学部の村田ゼミ出身の人が各地で活躍している。マーケティングの大家と言われていた村田昭治先生の名調子の講義に啓発された人はたくさんいるのは確かである。

しかし、彼の人柄については評価が分かれる。私も、有名な村田流の達筆なハガキをもらい、会食を2度ほどしたことがある。その時に、違和感を持った経験がある。

人柄についてはさておき、村田ゼミの卒業生には、ダイエーの創業者中内功の長男で流通科学大学理事長の中内潤氏、エーザイの内藤晴夫社長、アスクルの創業者岩田彰一郎社長、ライオンの藤重貞慶前会長、インフォメーション・ディベロプメントの船越真樹社長、ペリカン石鹸の渋井信行会長など有能な経営者になった人がたくさんいる。プラネットの副社長を務めてくれた井上美智男君も村田ゼミ出身でライオンの藤重前会長と同期である。井上君は流石に優秀で、大きな業績を残してくれた。

私とライオン同期入社の山田脩二（ライオン商事元社長）は村田ゼミのゼミ長をしていたという秀才であるが、私にとっては入社以来の友人でけんか相手でもある。山田は慶応ボーイらしからぬ（?）真面目一途の男で、部下が疲れてしまうという仕事ぶりだった。麻雀しよう、スキーに行こうと誘ったのだが、真面目一途の性格は変わらなかった。今は桜美林大学などの講師をいくつかやっている。

村田ゼミ卒業生で忘れてはならない人は、三村優美子教授（青山学院大学学部長）である。村田ゼミ始まって以来の英才と言われ、おまけに美人である。多くの政府の委員会に引っ張り出されている。委員会で同席することがあるのだが、三村先生は、的確な知見に基づいた良い意見を述べることが多い。彼女が独特の調子の柔らかい声音で発言を始めると、誰もが耳をそばだてる。

ある時、クスリのネット販売について厚生労働省で議論になり、規制派の陣営に三村先生が、もう一方の推進派の陣営には國領二郎慶応大学教授がいた。その時、私はドラッグストア業界の団体の委員をしていて、どちらかと言えばクスリには秩序ある販売が必要であると考えていたのであるが、お2人を前に旗幟鮮明にすることはやりにくかった。

三村先生には私が会長をしている一般社団法人流通問題研究協会の副会長をしてもらっている。実は、三村先生は流通問題研究協会の研究員だったことがある。三村先生の他に、全国米穀販売事業共済協同組合の木村良会長と全日食の齋藤充弘会長（兼日本ボランタリーチェーン協会名誉会長）にも副会長をお願いしている。二人とも慶応大学卒業である。旧知の齋藤充弘は「我々3人の副会長が慶応卒なのに会長の玉生さんだけが早稲田卒なのはどういうわけだ」と言っている。年下のくせに言いたいことをいうヤツなのである。なお、齋藤と木村さんは商学部ではなく経済学部卒業である。

芦ノ湖と富士 F50
（ライオン株式会社 伊豆高原保養所所蔵）

世の中には凄いヤツがいるものである

35▼▼ライオンの卒業生

堀越慈さんがジョギングしている姿は普通ではない。

何度か鎌倉山を走っている姿を見かけたことがあるが、その迫力たるや、並みの人のジョギングの姿ではないのである。流石、ラグビーの元日本代表選手である。

実は、この堀越さんはライオンの社員だったのだが、退社しコンサルタント業を始めた。その時、お客さんを紹介するなど、少しお世話をした記憶がある。その後、世界最大の調査会社ニールセンに乞われて、ニールセン・ジャパンの社長になった。世界の200か国ほどに進出しているニールセンは日本市場では苦戦していたため、堀越さんも苦労をしたことがあったのではないかと思っていた。結局、ニールセンはほとんど撤退に近い状態になった。堀越さんは数年務めた後、退任しコンサルタントに戻った。

その堀越さんが昼食に誘ってくださったので、ご自宅に伺った。ご自宅は鎌倉山の西側にある。車が3台入る車庫があるという大きな家なので、それなりに成功したのだと安堵した。お宅に上がると、絵が数点飾ってある中に、私の父の絵があった。コンサルタント事務所を開いたときに差し上げた絵である。

昼食をしながら、ライオンからスピンアウトした人たちの噂話をした。

何といっても、一番有名なのはアスクルを創業した岩田彰一郎社長である。岩田氏は、慶応の大学の同窓であったであったプラス株式会社の今泉公二社長の誘いでプラスの社長室長になり、そして、そこで文房具の通販会社アスクルを立ち上げた。当初は、プラスの資本の会社がコクヨの製品を売るべきではないなどという反対意見がある中で、闘っていたようだが、ご承知のように大会社に育て上げた。ところが、新鋭の物流センターが火事になり、ちょっとつまずいた。だが、これで屋台骨が揺らぐということはない。きっとまた、元の軌道に戻すに違いない。

次は、資生堂の社長になった魚谷雅彦氏である。魚谷氏は、ライオンの社員の時は営業部員で東京にはいなかったため、私はライオン社内で会ったことはない。ライオンの留学制度に受かり、海外でかなり勉強してきたようである。ところが、帰国してしばらくしたら退社してしまった。その後、魚谷氏は外資系の会社を経て、日本コカ・コーラの社長になり、さらに、資生堂の前田新造社長（当時）に見込まれて、資生堂社長となった。

かく言う私もライオンをスピンアウトしてプラネットを起こした・・・と、思っている人がいるようだが、私の場合は、ライオンの社員でいながら起業し、見込みがついてから、退社して社長になったのである。もともと、会社設立の発端がライオンとユニ・チャームとが端末機を共同利用しようということから始まったのだから、そのようなプロセスになるのは当然の成り行きだった。だから、前出の3人とは少々違う。彼らの方が勇気ある生き方をしている。

もっと以前（1970年代）に、ライオンを辞めてジョンソンの社長になった人がいる。その人の名は御厨《みくりや》文雄氏。ジョンソンはプラネット設立時の出資8メーカーに加わっていたため、プラネット設立時の取締役の1人であった。確かなことではないが、上司と衝突して辞めたと聞いていた。しかし、お会いしてみると、温厚な人柄だった。もちろん、芯が強く理知的な雰囲気を持っていた。プラネットの取締役会では、元いた会社・ライオンの小林敦社長（当時）がいたので、やりにくかったのかもしれないが、前向きな発言があったことを覚えている。

たぶん、小林社長は元ライオン社員が同席していることを誇りに思っていたのではないかと、今にして思う。本当に口数が少なく分かりにくい人だったが、どうもそういう人柄だったようだ。生きておられたら、岩田氏のことも魚谷氏のことも自慢するのでないかと思う。

魚谷氏が帰国後すぐに辞めてしまったことについても、人事関係者は留学させる前に誓約書を書かせるべきだなどと言っていたが、小林社長は、そういうことがあっても良いと考えていたようだ。留学後に辞めた人は他にもいるのだが、その人たちが世の中のためになれば良いと思っていたのだろう。

アスクルの岩田氏も、実は、資生堂の社外取締役なのである。魚谷氏が社長になる前から、岩田氏は前田氏に乞われて社外取締役になっている。業界で尊敬されている会社・資生堂の取締役にライオン出身者が2人もいるということは、小林社長にとっては誇らしいことに違いない。

ライオンを辞めて成功している人は他にもいる。名前が知られるようになったのは前記の人たちだが、大学教授になった人、社長になった人、会社を起こした人など、まだたくさんいる。

やはり、若い社員が自由に勉強できる雰囲気があったからだろう。仕事の合間に勉強したり、学会に入ったり、社外の有識者と付き合っている人がたくさんいた。

自宅に招いてくれた堀越さんとは、これからもご近所付き合いを続けていきたいと思っている。

荒崎海岸 M10

世の中には凄いヤツがいるものである

36▼▼背の高い男たち

２０００年、東京の湾岸地区に当時としては世界最大のデータセンター「アット東京」が作られた。東京電力とインテックと大手商社数社が出資会社であった。その建物は、セキュリティー上、非常に堅牢にできている。壁の厚さが3メートル、3階までが耐震構造、4階から上が免震構造となっている。看板も窓もない暗いビルなのであるが、羽田空港とほぼ同じくらいの電気を使っているというとてつもない建物である。

データセンターという性質上、住所は秘密であった。とても大きなビルなのであるが、看板も何も表示されていなかった。

当初は、インテックの人が2代続いて社長を務めていたのだが、なかなかお客さんを増やせず、赤字が続いていた。そこで、東京電力がテコ入れのため社長に招聘しようと白羽の矢を立てたのが石垣禎信さんであった。石垣さんは、日本ＩＢＭの本部長を辞めて、堀紘一さんと外資系のＩＴ会社の経営をしていたのだが、アメリカでＩＴバブルの崩壊があり、株主が下りてしまったため、その会社がなくなってしまった。ちょうどそこに、アット東京から誘いがあったのである。私は、業績が悪いからやめておいた方が良いと言ったのだが、私の思い違いであった。石垣さんは引き受け、そして、期待以上の実力を発揮し、業績を急速に伸ばし、黒字へと導いた。ところが、東電は現金なもので、社長を東電出身者へと入れ換え、石垣さんは会長になった。さらに、会長も一期だけで、退任することになった。

石垣さんの働きで業績が好転したにもかかわらず、辞めることになったのだが、それなりの退職金が出た。

巡り合わせとは何が起こるか分からないものである。石垣さんが退任してすぐ後に3・11の東日本大震災によって原発事故を起こし、東電は多額の債務を負うことになった。そのため、3・11以降は東電の関連会社の経営者に退職金が出なくなってしまったのである。

石垣さんとは、彼がIBMにいた頃からの知り合いであるため、プラネットの監査役になっていただいている。

なお、膨大な負債を抱えることになった東電は株をセコムに売却したため、現在のアット東京はセコムの傘下となっている。

社外から招聘された社長は、都合で辞めさせられることがある。

別の稿で記した米田幸生氏は、ハックキミサワ（現ウエルシア薬局）の社長とスギ薬局の社長になり、さらにはエステーの社長にも招かれたのだが、いずれも短い間だった。有名な例では、ユニクロの柳井正会長兼社長が招聘した玉塚元一氏もすぐに辞めることになった。玉塚氏はさらに新浪剛史氏にも招かれローソンの社長になったが、これも短期で退任した。まだ50歳代半ばである。

このように短期で終わる人もいるが、もちろん実力を発揮して成功している人もいる。社長を玉塚氏に譲りサントリー社長に転身した新浪氏は業績を上げている。資生堂に招かれて社長になった魚谷氏も評価が高い。

さて、ところで、以上に名前を挙げた招聘社長は全員が背の高い男たちなのである。石垣さんは、背が高く快活な男で、男が惚れるタイプである。玉塚氏もそのタイプである。直接会って話したことはないが、遠目で見た限りでも、大柄で見るからに立派な体躯をしている。それもそのはず、慶応のラグビーの選手であった。玉塚氏は口を開く前から、こいつは何か持っていると思ってしまう典型的タイプである。

別稿の「ライオンの卒業生」で書いた堀越慈さんも慶応のラグビー部で、長身で迫力があり、ニールセンに招聘された。同じく、魚谷氏は日本コカ・コーラに招かれ、さらに資生堂に招聘されたのだが、彼も長身である。資生堂はコカ・コーラでの実績を評価して選んだのだが、コカ・コーラに呼ばれた時は、やはり目立つ長身であったのは幸いしていたのではないかと思う。アスクルの岩田氏もどちらかと言えば背が高い、資生堂の社外取締役に招かれている。少し古くなるが、新将命《あたらしまさみ》氏はシェル石油からコカ・コーラを経てジョンソン・エンド・ジョンソンの社長になった方だが、やはり背が高い。新氏は1959年早稲田大学卒業、私よりも9年も先輩であるが、今も講演活動をしているという頑健な身体に恵まれている。

私の知る限りであるが、やはり人目を引くような長身で押出しの強い人が招聘されるようになるということのようだ。女は美人が有利のようだが、男は長身が有利ということなのだろうか。

仲間を集めよう

37▼▼ITコントロール協議会

出版や講演をしていると、社外の知り合いが増える。それぞれ、一家言持っている人が多く、話をしていると面白い人ばかりである。せっかくの人脈であるので、勉強会を始めた。会の名前は「NN会」。当初は、良い名前が思いつかなかったため、「No Name会」だったのだが、後からこじつけて「Next Network会」ということにした。

「NN会」は、定期的に集まって、講師の人の話を聴き、交流をする会である。講師としては、ボストン・コンサルティングの日本代表をしていた内田和成さん、ITコンサルタントの山中義明先生、政治評論家の福岡政行さんなどに来てもらった。10年ほど続いていたのだが、私の仕事が忙しくなり、延期や中止をせざるを得なくなるなど、メンバーに迷惑が掛かるようになってきたため、止めることにした。

ところが、メンバーからまた集まりたいという声が上がり、飲み会をしたところ、みんなでゴルフをしようということになった。ちょうどその頃、親しくなった沖縄のIT会社の与那覇正文社長が、沖縄でやりましょうと言い出した。賛成する人が多く、沖縄ゴルフツアーをやることに決まった。そうしたら、福岡さんも参加するというので、福岡さんの講演会をして、沖縄のIT業界の人たちも集めて交流パーティーをしようと企画案が広がった。与那覇社長が張り切って、手伝ってくれた。

企画ができたので、仲間に案内状を出した。案内状の主催者欄には、「ITコントロール協議会」と記した。「ITコントロール協議会」とは、私が冗談半分で勝手に命名したものである。実は、IT は（イイタマ）、協議会は競技会。

それでも、それなりに盛り上がり本土からの参加者と現地沖縄の人達、合わせて100名ほどが参加してくれた。

会場のホテルには「テレビタックルでおなじみの福岡政行先生の政局講演会　（主催：ITコントロール協議会）」という横断幕が掲げられた。〝福岡先生来たる〟ということで、地元の新聞社とテレビ局が取材にやってきた。記者たちが、一応会長である私のところに寄ってきて、「ITコントロール協議会」とは何をする団体なのかと質問した。私は、少しも慌てず「ITコントロールとは、ITガバナンスのことで、企業がいかに上手にITを使いこなすかを研究する団体です」と答えた。

翌日の新聞には、写真入りで掲載された。

ゴルフの方は、朝一のティーショットを福岡さんはフェアウェイの真ん中にイイタマを打ったが、私は前日の精神的プレッシャーのためか、引っ掛けタマであった。

その翌年は、沖縄本島は避けて、宮古島でやることにした。主要メンバーの1人、石垣禎信さんは、石垣島に行きたいと言っていたが、実は石垣島にはゴルフ場がない、一方の宮古島にはゴルフ場が4つもあるのである。石垣さんは、日本最大級のデータセンター「アット東京」の社長・

会長を務めた方で、ＩＴガバナンスについての本物の専門家である。

宮古島のエメラルドコースト・ゴルフリンクスの名物ホール16番の海越えのティーショットで、石垣さんはよくコントロールされたイイタマを打った。流石である。

趣味が合う人とは発見の旅ができる

38▼▼不死身の人　山田啓蔵

浅見光彦シリーズで有名な内田康夫の小説「汚れちまった道」に、山田啓蔵という人物が登場する。地元の歴史に詳しい証言者として描かれている。実は、実在の山田啓蔵さんは名前を使ってほしいと登録していたということである。内田康夫のファンクラブはミステリーツアーを企画するなど活発に活動しているが、クラブの中にこのように自分の名前を登録しておくと小説に使ってくれるという制度があるということである。

このように、山田さんは何でもやってみたいという人である。

実は、山田さんは57歳の時に癌を患い、余命宣告を受けた。サンスターの執行役員であった彼は、残りの時間を有効に活かしたいと考え、会社を辞め、やりたいことをやることにした。巡礼をするなど旅行をし、やりたかったコーラスも始めた。その年の暮れにはベートーベンの第九を歌った。

そうこうするうちに、何と！　癌が消えてしまったのである。いわゆる寛解《かんかい》状態になり、健康な人とほとんど変わりなく活動できるようになった。

そこで、さっそくプラネットの顧問に迎え、若手社員のマーケティング教育をしてもらうことにした。ところが、大阪在住の彼は、プラネットの社員が関西方面に出張すると自分の車を出し同行までしてくれるようになった。まるで、大阪出張所所長のようだ。好きでやっているのだと言うのだが、顧問料を増額することにした。

ある日、山田さんにまたも不幸が襲ってきた。腸閉塞を発症し緊急手術を受けたのである。

分かる人は少ないのだが、さすがに彼は、荒神谷がどうい

腸閉塞は一晩放置すると死ぬ可能性が高い病である。幸い、手術はうまく行ったが、小腸を半分ほど失った。

癌も腸閉塞も乗り越えた不死身の山田さんは、どういうわけか、ゴルフが急にうまくなり、私のスコアを上回るようになった。山田さんはお腹を締め付けるベルトは使えないので、サスペンダーでズボンを釣り上げている。ひょっとして、ベルトからサスペンダーに代えると、ゴルフがうまくなるのかもしれない。一度、試してみよう。

というわけで、山田さんは2度も死ぬかもしれないという体験をしているので、彼の興味の範囲は広い。もともと、大学時代は探検部だったので、地理や歴史の知識も豊富である。

ある日、雑談をしながら、荒神谷《こうじんだに》に行きたいと言ったところ、彼はすぐに反応した。いきなり荒神谷と言っても分かる人は少ないのだが、さすがに彼は、荒神谷がどういうところであるかをよく知っていて、一緒に行きましょ

荒神谷遺跡で発掘された358本の銅剣
（出典：出雲観光協会HP）

うということになった。

出雲の荒神谷遺跡は、１９８４年に３５８本もの銅剣が整然と並べられた状態で発掘されたところである。当時、考古学上の大発見として新聞に載っていた。私は強く興味をひかれたが、なにしろプラネット創業の時期だったので、出雲まで出かける余裕はまったくなかった。

近頃、発掘調査も進み、銅剣など出土品をまとめて展示しているということを聞いていたので、行ってみたいと思っていた。

そして、休暇を取り、出雲に出かけることにした。山田さんはわざわざ大阪から車を持ってきて運転してくれた。荒神谷は出雲大社の南東3キロほどのところにある。発掘現場は低い丘の斜面にあった。見学者用の道が整備されていて、銅剣が出土したところ、少し離れた銅鐸《どうたく》が出たところなどに案内図が立てられていた。

出雲大社の隣に新しく建てられた県立博物館には、出土した銅剣などを展示している。３５８本もの銅剣や銅鉾《どうほこ》、銅鐸が並んでいるのは壮観である。古代の銅剣は各地の古墳などから出土しているが、その総数は２００本ほど。荒神谷からそれを上回る数の銅剣が一度に出たのである。古事記にある大国主命《おおくにぬしのみこと》の国譲りの物語の通り、出雲に強い武力を持った国が存在していたことは間違いないと信じさせるに十分な発見である。

翌日、国引き物語の舞台と言われる稲佐浜、日本一美しいと言われる日本庭園の足立美術館などを見学した。山田さんのお陰で、古代のロマンと日本の美しさを堪能することができた。

趣味が合う人とは発見の旅ができる

39 ▼▼ オットピンS

「オットピンS」はラジオでコマーシャルを流していたので、耳にした人は多いのではないかと思う。男性精力剤を扱っている「あかひげ薬局」などで売られている。雌をたくさん従えてハーレムをつくる雄オットセイをイメージさせるネーミングである。長い間ラジオのコマーシャルが流れているので、何やらすごいものなのかもしれない。

ある日、わが社の営業部長が「オットピンSの販売代理店が、わが社のユーザーになりました」と報告しに来た。「契約調印のために来社した担当の方が、お土産に『オットビン凛凛王S』というドリンク剤を段ボールで持ってきてくれましたので、1本お持ちしました」と言う。

「おーよしよし、ういやつじゃ」と受け取り、ラベルを見たら、製造元は萬金薬品工業と書いてあった。

「うーん、それなりの名前だな」

さらに、よく見たら、何と住所が「奈良県明日香村」と書いてあった。失礼ながら、どこかの街の猥雑なところにある工場で作っているのだろうと勝手に思っていたのだが、あの明日香村だと書いてある。

明日香村は、聖徳太子が育ったところであり、石舞台古墳や高松塚古墳などがあるところである。言うなれば、日本人の原点のような土地である。

この意外性は何なのだろう。そこで、明日香村に行ってみることにした。またも、このような旅には喜んで付き合ってくれる山田啓蔵さんを誘った。

明日香村は、国宝の仏像がある飛鳥寺を中心にたくさんの遺跡が集積している里で、自転車で簡単に回れるほどの小さい村であった。のどかな野道を辿り、少し坂を登ると高松塚があり、キトラ古墳がある。折しも、曼殊沙華が盛りで、黄色く実った稲穂を背景に群がるように咲いている。曼殊沙華は赤が多いのだが、そこには白の曼殊沙華も多くみられ、観光客の絶好の被写体になっていた。

そして、いよいよ萬金薬品工業に向かった。カーナビが示す道は住宅地に向かっていた。山田さんのプリウスのカーナビは正確で、運転も確かである。道が狭く、車が1台ようやく通れるような道のわきには堀があり、清らかな水が滔々と流れていた。戻れなくなるのではないかと心配しながら、狭い道を進んでいくとよく手入れされた生垣に囲われた建物に萬金薬品工業という表札がかかっていた。いかにも明日香村にふさわしい佇まいである。さらに、十数メートル進むと、小さな広場があり、そこに萬金薬品工業の倉庫があった。いきなり尋ねるわけにはいかないので、写真を数枚撮って、引き返すことにした。堀に注意しながら細い道を戻ると、今度は正面に高市製薬という看板が見えた。萬金薬品工業と100メートルとは離れていないところにもう1つ製薬会社があったのである。

そこで、調べてみた。

もともと、奈良には薬師寺があり、その下に天皇家の薬草園が作られていたということで、栽培された薬草は民衆にも分け与えられていたため、薬作りが盛んになったということであった。江戸時代には富山の薬業界と協定が結ばれていたという古文書も残っている。

奈良県薬剤師会の調べによると奈良県には66社もの製薬会社が存在するという。これは、富山県よりも多い数である。多くが、昔からの傷薬、胃腸薬、咳の薬などの家庭薬を作っている。オットピンは、さらなる発展系なのかどうかはよく分からないが、他の会社とはちょっと毛色が違うようだ。

日本にこれだけ多くの製薬メーカーが生き残っていることは、素晴らしいことである。昔から薬種問屋が薬を買い集めてくれて、消費地に運んでくれていたからである。小売店の数も多く、消費者が買い求めるのに不便はない。しかも、どの製品をとっても品質に問題がない。これほど、優良で多彩な商品が生産され、安定的に生活者に供給されている流通機構は世界でも珍しい。

だからこそ、外国人観光客がドラッグストアにやってきて爆買いをするのである。中国の観光客が日本にやってきて漢方薬をたくさん買う。「龍角散」や「命の母」、「宇津救命丸」などおなじみの薬がたくさん売れている。漢方薬の本場は中国であるはずなのに、中国国内のそれは信用できないのだそうだ。

講演では、「ロシア人は正露丸を買う」と付け加えるとウケる。ロシア人は正露丸を買うと言うのは嘘だが、中国人が日本のドラッグストアで日本の漢方薬、風邪薬、栄養剤など大量に買っているのは本当である。また、世界一薄いと言われているコンドームも買われている。いずれ、中国人がオットピンも見つけて、たくさん買うかもしれない。

この明日香村ツアーで、日本の大衆薬のルーツは奈良にあるということがよく理解できた。

注：かつて、正露丸は征露丸と書かれていた。ロシアを征するという意味だった。

渓谷耕田 F50

趣味が合う人とは発見の旅ができる

40▼▼旗振山の遺構

日本各地に旗振山という遺構が遺っている。特に大阪から京都、神戸方面にかけて多くある。

これは何かというと、旗を振って山から山へと情報と伝えていた遺構なのである。では、何を伝えていたかと言うと、大阪堂島で行われていた米取引の相場（コメの価格）を各地に伝達していたのである。発信側は手旗を振り、受信側は遠眼鏡（望遠鏡）で読み取っていた。この様子を描いた浮世絵が残っている。大阪の堂島の米取引所の米相場が10分ほどで滋賀県の大津の取引所に伝わり、堂島と大津とは連動していたということである。飛脚の足で伝えていたら、丸1日の時間差ができるのに、堂島と大津では、旗振りによって同じ価格で取引が行われていた。

実は、1988年に出版した私の本「流通VANの戦略」（産業能率大学出版部）に、この旗振山について浮世絵の写真入りで記述したのだが、旗振山には行ったことがなかった。

歴史や地理に詳しい山田啓蔵さんに、この話をしたところ、さっそく旗振山に登ってみようということになった。

浮世絵に描かれた旗振通信

旗振山の遺構は、大阪、京都、兵庫を中心に50か所ほどの存在が知られている。はっきりと地図に記載されているのは、須磨の浦にある旗振山である。その他のところは藪にうずもれてしまっているところが多い。

藪漕ぎをして行くのは、かなり厳しそうなので、まずは行き易い須磨の浦に行くことにした。須磨の浦の駅からロープウェーで上がることができる。ロープウェーの乗り場の左は、源義経《みなもとのよしつね》が崖を駆け下り平家軍に襲い掛かった鵯越《ひよどりごえ》である。相当の急斜面だ。崖の下には平敦盛《たいらのあつもり》を祀るかなり大きな五輪塔があった。笛の名手と言われた若い平敦盛《たいらのあつもり》が熊谷直実《くまがいなおざね》に打ち取られた場所である。

ロープウェー、リフトなどを乗り継いで登ると、少々寂しげな遊園地がある。その遊園地の中を横切り少し行くと旗振山の茶屋に出る。まず目に入るのが神戸の街である。眼下には須磨の海水浴場、遠くには神戸空港、さらに晴れていれば関空を望むことができる。そして、目を右に転じると明石海峡大橋が見え、その右は明石と姫路である。

しばらく旗振山茶屋のベンチに腰掛けていると、頻繁に山歩きの人が通りかかる。ここは、六甲山から尾根伝いに歩いてくると、尾根が終わるところである。近頃は六甲山の山歩きが流行っていて、健脚の人は、この旗振山まで歩き通すのだそうだ。この六甲から連なった山塊が終わる突き出た地形は、まさに旗振通信をするにはうってつけの場所である。

受ける側の見晴らしも発信する側の見晴らしもよくなければならない。したがって、今日では国土地理院の測量のための三角地点になっているところが多い。

この旗振通信は、米問屋が自ら人を雇ってやっているのだと思っていたのであるが、実はこの通信サービスをやっていたのは飛脚屋だったということを知り、感心した。しかも、盗み見から通信の秘密を守るため、旗振は暗号化していたという。驚くべきことである。

飛脚は手紙を担いで街道を走るサービス業であるが、運んでいるものは情報であるというサービスの本質をよく理解していたのであろう。強いニーズを持っている米問屋を見込み客として、この通信サービスを新事業として開発したわけである。今日の企業にとっても、事業開発の模範となる経営のありようだ。

この旗振通信は明治時代まで使われていたそうであるが、電信や電話が普及するにつれて使われなくなり、いまは忘れられた遺構となっている。

たまにはうらやましいと思ってもいい

41▼▼ゴルフ場を買う話

ある日、オービックの野田順弘会長にお目にかかった。なかなかフランクな方で、楽しく会話をした。会話の途中で野田会長が「昨日、ゴルフ場を買った」とおっしゃった。「どこのゴルフ場ですか?」と訊くと「茂原カントリー」だと言った。私は適当に受け答えをしたのだが、どうも話が噛み合わない。貧乏性な私は、てっきりゴルフ場の会員権を買ったと思ったのだが、ゴルフ場そのものを買ったという話しだったのである。その数日後にインテックの中尾哲雄社長（当時）と話しをしていたら、茂原カントリークラブの会員だった中尾社長が、クラブのオーナーが変わってしまい、改めて契約をし直さなければならない、というようなことを言っていたので、ようやく話がつながった。

「勘定奉行におまかせあれ！」というCMで有名なオービックは、日本の企業に合った業務システムパッケージ（ERP）を開発、よく売れている。この創業者の野田会長はゴルフ場を買えるほどの成功者となったわけである。

また、友人の本郷孔洋が株式会社図研の金子真人社長と飯を食おうと誘ってきた。本郷は大学の同級生で、1500人も職員がいる日本最大級の税務事務所「辻・本郷税理士法人」を創り上げた男である。金子さんも早稲田大学出身で学部は違うが、我々と同じ昭和43年卒業だという。金子さんは、大学卒業後プリンターの会社に勤めた後、CADの専門会社、株式会社図研を起業したのだそうだ。それから40年以上経ち、今では一部上場の立派な会社になっている。株式会社図研は、一般の人には馴染みがないかもしれないが、ＣＡＤの世界では知らない人はいない。

さらに、金子さんは競馬の世界でも知らない人はいないという有名人なのである。あのディープインパクトの馬主といえば、競馬ファンでなくても、理解できると思うが、50頭以上の競走馬を持っている最大級の馬主である。その強かったディープインパクトは、今は種牡馬《しゅぼば》(種付け馬)となっていて、その子供たちが大活躍しているそうだ。

その金子さんは、ハワイの有名なゴルフ場ザ・キングカメハメハ・ゴルフクラブを所有している。いつでも来てくださいと言われているが、残念ながらまだ行く機会がない。

注：CAD= Computer Aided Design コンピュータ支援デザイン。コンピュータを用いて設計を効率的に行うシステム。

さらにもう1つ、麻布自動車の創業者渡辺喜太郎氏の講演を聴く機会があった。立志伝中の人で、「バブルのチャンピオン」と言われたことがある人物である。講演の大半が自身の成功物語だった。講演の後、会食もしたが、今1つ話が合わない人だったので、その後の付き合いはない。彼も、ゴルフ場を買ったことを自慢していた。買ったゴルフ場は、喜連川カントリー倶楽部で、別荘代わりにしているそうだ。

個人でゴルフ場を買うというのは、相当の成功者である。

これに対してゴルフ場を売るという話しもたくさんあった。バブル華やかな時代にゴルフ場経営に手を出したものの、うまく行かず手放したという話しはいくつも聞いたが、当事者にとってあまり名誉なことではないので、ここで書くのは控えたい。

しかし、1つだけ、君津ゴルフクラブについてだけは書いておきたい。

高度成長時代にライオン株式会社が千葉県君津に土地を持っていた。いずれゴルフ場を作ろうと考えていたのだが、千葉県知事が革新系だったためか千葉県の許可が下りず、手つかずになっていた。結局、ゴルフ場づくりはやめようということになり、当時のバブルの寵児・EIEインターナショナルグループの高橋治則理事長に売却することになった。その時に口利きをしたのが自民党の山口敏夫代議士だった。高橋理事長は買い取るときの条件として、ゴルフ場ができたら会員権を10口ほど購入することと支配人などの人材確保に協力することを要求、ライオンはそれを呑んだ。

後から考えると、高橋氏と山口氏に頼んだのは相当に筋が悪かった。この両名はバブルに乗じて様々な事業に手を出して多くの問題を引き起こし、とうとう背任罪、詐欺罪で逮捕されてしまった人達である。

君津ゴルフクラブについても、この2人はライオンによって開発されたと喧伝し会員権を乱発、結局、破たんしてしまった。何も知らずに会員になった人たちは、ライオンに責任があると誤解して、抗議に押しかけてくるという騒ぎになった。街宣車がやって来たこともあった。どうも、騒ぎに乗じて一儲けしようという人もいたのではないかと思われる。

当時、ライオンの社員であった私は、この問題には関わっていなかったが、総合管理部にいたため、一部始終を耳にしていた。ある日、再建委員会から手紙が来た。事態を憂慮した地元の良識ある会員が再建委員会を立ち上げていたのである。何気なく、再建委員会の住所を見て、びっくりした。あの本郷孔洋の事務所の住所だった。

前述したとおり、本郷は大学時代の同級生で、日本最大級の税理士法人の理事長である。すぐに本郷に電話して、聞いてみた。すると、地元の資産家が協力してくれることになったので、再建スキームをうまく組み立てることができたということであった。

その後、君津ゴルフクラブはロイヤルスターゴルフクラブとして再建された。

私も会員になり、お祝いに絵を1点寄贈した。

海と赤い花 F3

優秀な人とは話をしよう

42▼▼花王の山越完吾さんと橋山真人さん

１９８０年代、日本経済新聞には花王のシステムの先進性を礼賛するような記事がよく掲載されていた。少なくとも、当時ライオンの社員であった私にはそう思えた。ある日、花王の工場の生産工程をリモートで本社が管理する計画であるという記事が出たことがある。私はそんなことはできるわけはないと思った。花王の主力工場は和歌山県にあり、東京の本社が通信回線を介して生産ラインをコントロールするなどということは、当時の通信回線の容量から見て無理な話であった。日経新聞の記者が、花王の社員の話を鵜呑みにして書いたのではないかと思われる。案の定その数か月後に、否定的な記事が掲載された。

ライオンのオフィスオートメーションだって進んでいるのだと自負していた私は、日経新聞の記者に直接手紙を書き、ライオンの本社スタッフの若手社員がパソコンを使いこなすようになり、事業計画の策定期間を劇的に短縮していることを売り込んだ。幸いこれは比較的大きな囲み記事になった。

そうは言うものの、花王のシステムが先進的であったのは確かであった。中でも物流システムは内外の評価が高かった。その時の花王の物流部長は山越完吾さんという方だった。

一方の、ライオンの物流部長は山崎基さんと言う方だった。我々仲間内では、名前負けをしていると冗談を言っていた。花王は山越さんで、山を越しているのに対し、ライオンは山崎さんで、山はまだ先（崎）だというわけである。

その山越さんとは日本ロジスティクスシステム協会で時折顔を合わせていた。ある日、山越さんが「玉生さんは親戚だ！」と言った。

私には、よくわからない話だったので父に聞いてみた。すると、母の姉の嫁入り先の田中家の親戚に山越さんという家があるので、その関係ではないかと教えてくれた。田中家も山越家も長野県の上田市にある。明治・大正時代の田中家の当主は早稲田大学の第4代総長になった田中穂積である。その田中家の長男のところに私の母の姉が嫁ぎ、生まれた男児の田中和泉が、別稿で記したＴＢＳの社長になった私の従弟である。

山越さんは物流部長を経て、その後専務取締役になった。

そんなわけで、山越さんは何かと私に目をかけてくれたのだが、残念ながらお亡くなりになってしまった。

もう一人、花王の橋山真人さんも印象に残っている。別稿に書いた安平次勝さんと慶応大学工学部の管理工学科の同期で、橋山さんは花王に、安平次さんはライオンに入社したのである。橋山さんは花王のシステム部門の論客で、日本オフィスオートメーション協会などで活躍していた。

ある日、日刊工業新聞の企画で花王とライオンのオフィスオートメーション比較と言うテーマで橋山さんと私で対談が行われた。

対談の後、互いに話が尽きない心持ちだったため、２人で喫茶店に入りしばらく話し込んだ。

話が広がり、橋山さんは神奈川県立湘南高等学校出身だということが分かった。実は、私の出身校の浦和高校と湘南高校とは毎年交流戦を行っていた。浦和高校のある北浦和駅から湘南高校のある藤沢駅まで特別列車を仕立てて全校生が移動する。翌年は逆に藤沢駅から北浦和駅に特別列車がやってくるのである。野球は野球部同士、剣道は剣道部同士、合唱部、美術部などそれぞれに交流をするのである。湘南高校は共学だったが、女子生徒はわずかしかいなかった。今の湘南高校は女子生徒の数が増え、男子しかいない浦和高校との交流が成り立たなくなってしまったため、現在は行われていない。そんなわけで、高校の関係でも共通の知り合いを見出した。橋山さんとなら親しい友人になれそうだった。

橋山さんは物事を即座に理解し的確にしゃべってくれる。私の立ち上げたプラネットのビジネスモデルについてもよく理解していて、「花王もいずれプラネットに入らざるを得なくなるだろう」と言った。当時、花王は独自のネットワークを展開していて、プラネットには加入していなかったし、むしろプラネットは対花王グループのように目されていた。

それから約8年後に橋山さんの予言は現実のものとなった。その時は、プラネット設立10年目で加入メーカーは100社を超えていて、そこに業界トップの花王が加わったことによって、プラネットは名実とも業界インフラになることができたのである。

だが、その時、橋山さんはこの世にいなかった。本当に惜しいことだった。

来る人拒めず

43▼▼夜討ち

1995年プラネット創業10年目、システムは順調に稼働し、ユーザーが次々と増えていた。そこに、花王の副社長忌部和也氏が訪ねてきた。用件はプラネットに加入したいのだが、入れてもらえないだろうかということであった。

プラネットができた頃は、花王のシステムは進んでいると評判であった。プラネットに加入したメーカーは、花王に遅れまいとしてプラネットというバスに乗り込んできたと言っていいだろう。そのバスに花王も乗ろうというのだから騒ぎになった。

当初の出資メーカー8社に相談をした。「もともと、業界インフラを標榜しているのだから誰でも入れるべきだ」という意見もあり、「対花王グループであったのではないか、入れるべきではない」という意見もあった。中には、「8社で協力して業界インフラを立ち上げたのであって、それがうまく行ったのを見て、今ごろになって入れてくれというのは虫がいいというものだ」と言う人もいた。まさにその時は、うまく行って参加メーカーが100社を超え、しかも4回目の大きな値下げをした直後であった。

いろいろな意見があるため、取締役会で検討しようということになった。

取締役会の前日、仕事で遅くなり夜10時過ぎに自宅に帰った。すると、門の近くにハイヤーが停まっていた。何だろうと思いつつも、部屋に入って、着替えをしていたら、玄関のチャイムが鳴った。玄関にやってきたのは日経新聞のK記者であった。やむを得ず、応接間に上げた。まさに新聞記者による夜討ちである。

K記者は質問を始めた。「明日取締役会があるそうですね。そこで花王の加入問題が検討されるそうですね。色々な意見があるそうですね。」K記者は殆ど全部知っていた。私が「違います」と言えば、嘘をつくことになる。YESともNOとも言えない。K記者は私の顔色を窺っている。

翌朝の日経新聞の一面に「プラネットに花王が加入する」という記事が掲載された。取締役会には全員がその新聞記事の切り抜きを持ってやってきた。これにはまいってしまった。結局、その日は決まらず、花王の意向をさらに聞き取りをしようということになった。

その日の取締役会は、社外の会議室で開かれていたので、会社に帰ろうとしていたら、会社の玄関に日経の記者が張り込んでいるとの知らせがあった。やむなく会社には帰らず、銀座通りをブラブラしていた。すると、朝日新聞の編集委員の早房長治さんにばったり会った。早房さんは、「NHKの昼のニュースに出ていたぞ、どうなっているのだ」と言った。NHKニュースは見逃したが、それなりにニュースバリューのある出来事だったのである。（別稿にあるように早房さんは私が高校生のころからの知合いである）

それから、数日後に花王に行き状況を説明した。インフラとしてのプラネットの発展に協力してくれるのなら、加入が認められることになるのではないかとお伝えした。数カ月後になったが、花王は加入し、今ではプラネットにとっては優良ユーザーである。

なぜ、情報が日経新聞に漏れたかというと、ライオンが主要な卸店の社長に意見を求めたため、そこから伝わったのが発端であると思われるが、一部始終をK記者にしゃべった人がいる。私は誰だか知っているのだが、本稿では控えることにする。その人は、プラネットのためを思ってしゃべってくれたのかもしれない。

さて実は、その最中に、プロクター・アンド・ギャンブル（P&G）がプラネットに出資をするという話しが進んでいたのである。世界最大の日用品メーカーP&Gはプラネット設立直後からのユーザーであったが、出資社ではなかった。プラネットが増資をしたときに、小林製薬、ユニ・リーバ、貝印、P&Gに出資依頼をしたのだが、P&Gだけが応じてくれなかった。しかし、その後シンシナティーの本社の指示で急遽出資したいという話しになっていた。すでに、応募を締め切っていたのだが、P&Gの意向に沿うことにした。P&Gが出資している日本企業はプラネット以外に聞いたことがない。

この10年目の1995年は業界のインフラとしてプラネットの事業が内外に認められた年であったと言えよう。

先輩を大事にしよう

44▼▼チョイ悪オヤジ四人組

近頃のゴルフ仲間に伊藤昌弘さんがいる。

伊藤さんは　昌弘で慶応卒、

私の方は　弘昌で早稲田卒、

名前が似ているせいか、気安くお付き合いをしているが、大変な先輩なのである。かつては、ライオン油脂株式会社の最大の売上を上げてくれていた卸店の社長さんで、その後、何回かの合併を経て7000億円以上も売る全国卸「株式会社あらた」を立ち上げ、その社長を務めていた方である。業界からの信頼も厚く組合の会長も務めていた。今はリタイアしているが、株式会社あらたの大株主である。あらたの株価は、少なくとも5倍以上に値上がりしている。そのため、筆頭株主だった従業員持ち株会の人達が株を引き出し、売却したため、伊藤さんの持ち株の比率が大幅に上がり、筆頭になってしまったということである。

プラネットのパートナーのインテックの元会長の中尾哲雄さんも同じゴルフ仲間である。別稿にも書いたが、この人も大変な方である。何しろ富山市の名誉市民なのである。中尾さん以外の名誉市民は田中耕一と利根川進というノーベル賞受賞者だけである。富山に行くと超高級車ベントレーで迎えに来てくれる。

さらにもう1人、ユニ・チャームの元副社長でペットフード協会の会長を務めた高原利雄さんが加わり、「ちょい悪オヤジ四人組」として、定期的にゴルフを楽しんでいる。利雄さんはユニ・チャームの創業者の高原慶一朗さんの弟さんである。

「四人組」が始まったきっかけは、伊藤さんから名古屋の名門ゴルフコース「名古屋ゴルフ倶楽部・和合コース」でゴルフをしようとお誘いいただき、3人で名古屋に赴いたことから始まった。前夜祭と称して会食をし、2次会は名古屋の繁華街の栄にある「クラブ和合」でホステスさんと1杯呑み、翌朝はゴルフコースの「和合」でゴルフをしたのが始まりであった。夜の「和合」と昼の「和合」を案内してくださるのは伊藤さんのお決まりのコースである。

夜の「和合」で飲んでいる時に「今度は富山に来てください」と言うのが口癖の中尾さんの誘いに乗って、今度は伊藤さん、高原さんと私の三人で富山に行った。

次は、義理堅い高原さんが「次回は私がご案内します」と言うことになり、高原さんのホームコース千葉県の「カメリアヒルズカントリークラブ」に行くことになった。

こうなると、1番若い私もこの3人をご接待しなければならない。「義理と人情と恩返し」サイクルにはまった。

これからも生きている限り際限なく続くことだろう。4人とも1年経つと1歳年を取る（当たり前）。中尾さんが傘寿（80歳）を超え、伊藤さんと高原さんがあと少しで傘寿到達。何を思ってか、中尾さんも伊藤さんも200万円もかけてゴルフクラブを新調した。

２００万円ものゴルフセットがあるのかというと、それがあるのである。安倍総理がトランプ大統領に贈った50万円のドライバーを製造した本間ゴルフの最高級のウッドとアイアン、パターを揃えると相当な金額になる。こんな高級なクラブが2セットもあって、取り違えたら大変とキャディーが悩んでいた。

お金持ちのやることはよくわからん。何歳までゴルフをやるつもりなのだろうか。

皆さん偉い人なので、お葬式の時に私が弔辞を読むことはムリなようなので、受付をしてあげると申し出ている。

異業種の人達も面白い

45▼▼BS朝日の番組審議委員

朝日新聞とは妙な縁がある。

父が浦和少年鑑別所長をしていた時分（1960年代）、朝日新聞の浦和支局の記者が取材で何度か来るうちに親しくなり、我が家に上がり晩御飯を一緒に食べるようになった。その人の名は辰濃和男さん。天声人語を長らく書き続けた後、日本エッセイストクラブの会長になったという名筆家である。父の葬儀の時には火葬場までお付き合いくださった。

辰濃さんの後に、浦和支局にやってきた新人記者は早房長治さん。この方も我が家で晩飯を食べるようになり、親しくなった。当時、まだ高校生だった私は、「たつの」「はやぶさ」と言う名前を聞いて、朝日新聞の人はすごい名前の人が多いのだと思っていた。

それから、二十数年経ったある日、築地の朝日新聞の講堂で講演をした。入り口には大きな看板が出ていて、「講師 玉生弘昌」と書いてあった。それを見た早房長治さんが講演の後、食事に誘ってくれた。久しぶりの再会である。さらに、早房さんの勉強会「イイクラ・ハンドレッド」に入るようにと言われた。「イイクラ・ハンドレッド」は元新聞記者が多いのだが、JR東日本の清野智会長、民主党政権時代の経済産業大臣直嶋正行さんなどすごいメンバーがいる。もうお亡くなりになったが、諸井虔氏もいた。諸井氏は秩父セメントの社長を務めた後、西武グループの経営革新委員会委員長など多くの公職を歴任した方である。

さらに、早房さんは父が退官後に絵描きになったことを題材にして「私は世界一素晴らしい第二の人生を送った」(彩流社)と言う本を書いてくれた。また、別稿に書いた八千穂会にも参加してくれて、八千穂高原の別荘として利用し執筆をしていた。もうひとつ、別稿で記した荒井伸也さんと新宿高校の同期である。これも奇縁と言えよう。

またもう1人、地元の鎌倉市稲村ヶ崎の隣人に君和田正夫さんがいる。君和田さんも朝日新聞の記者だったが、テレビ朝日に移り、社長・会長を歴任した。実は、子供たちが同じ小学校に通っていた関係で、細君同士が知り合いなのである。女同士の会話で、君和田さんがテレビ朝日の社長になるときに「社長が務まるのかな」と心配し、私についても「社長の器ではない」のではないかと言っていたようだ。

後述するBS朝日の番組審議委員だったころに君和田さんの会長室にお伺いし、ちょっとしたお願いをしたことがある。丁寧にご対応いただいた。本当に親切な方である。今は、鎌倉稲門会のゴルフ同好会のメンバーとして親しくお付き合いさせてもらっている。

さて、話が二転三転して申し訳ないが、ある日、BS朝日の番組審議委員になってほしいとの話が持ち込まれた。通称〝番審〟とは、テレビ局、ラジオ局では、電波法によって社外の有識者による委員会を設け、番組が公共放送としてふさわしいかを審議しなければならないと決まっている。〝番審〟には社長を初め取締役全員と担当のプロデューサーが出席するという、テレビ局としては重要な会議なのである。

BS朝日の〝番審〟の委員には若林覚さん、水口章さん、吉永春子さんなどがいた。

若林さんは、サントリー美術館の副館長として六本木の美術館設立に力を尽くし、同美術館を大成功に導いた方で、お会いした当時は、広告代理店サン・アドの社長だった。サン・アドは山口瞳、開高健などが社長を務めていたという大変にユニークな会社である。その後、若林さんは社長を退任し、練馬区立美術館の館長を務めている。白いあごひげを蓄えているので、てっきり年上と思っていたら、早稲田大学政治経済学部の4年も後輩だった。若林さんとは、三越本店の美術品売り場でばったり会うなど、街で出会うことがよくある。どうやらお互いの行動パターンが似ているようだ。また、いつか会うことだろう。

水口章さんは、中東問題の研究者として有名な方で、時折テレビの解説者として登場している。中東問題について語れる人は少ないので、私の研究会でしゃべってもらったこともあるし、経済同友会の講師に推薦したこともある。

吉永春子さんは、TBSの記者だった方で、旧日本軍の細菌兵器開発部隊「731部隊」をスクープしたことで有名なジャーナリストである。TBSの社長だった田中和泉は私の従弟だと言ったところ、吉永さんは一番好きな社長だったと言ってくれたのだが、2016年にお亡くなりになった。

〝番審〟では、BSの番組は優良なものが多いため、苦言を呈するようなことはほとんどなかった。地上波では大衆に迎合したバラエティー番組が多く、低俗としか思えないものがあるが、BSはテレビマンの良識に基づいた良い番組が多い。BSの受像機が普及するにしたがって、視聴率が上がり、事業としての採算も向上している。まだ通販番組が多いのだが、いつの日かBSの方が主流になるような気がしている。〝番審〟では、あまりお役に立てなかったが、多くの知り合いを得たことと普段接することのないテレビの事情を見聞きしたことは、大変に勉強になった。

近頃、朝日新聞に対する風当たりが強い。慰安婦問題の誤報を初め、偏向しているとの批判がある。私の知人の中にも、朝日新聞を取るのを止めたという人が何人もいる。確かに、どういう立場で書いているのか疑問に思う記事が時折見受けられる。

だが、朝日系の人々には、しっかりした見識を持った人がたくさんいる。個人としてのお付き合いは有意義だと思っている。

鳩 F0
（長嶋史子氏所蔵）

異文化の人とも付き合おう

46▼▼画廊「ギャラリー桜の木」の顧問

銀座に「ギャラリー桜の木」という画廊がある。

会長の岩関和子さんは私と同い年、社長は娘さんの岩関禎子さん。禎子社長の年齢は知らないが、米倉涼子似の明るい張り切りウーマンである。

軽井沢にもお店がある。軽井沢駅から北に向かってまっすぐ歩いて10分ほどの右側にある。

「ギャラリー桜の木」とのお付き合いは、この軽井沢店に偶然立ち寄ったことからはじまった。ある夏、家内が軽井沢店でフランスの現代画家ガントナーの絵を見て、買いたいと言い出した。我が家は、絵を売っていた家であり、絵を買おうという発想はなかったのだが、見ると、なかなかいい絵で我が家に飾るにふさわしいと思えた。人生初めて画廊で絵を買った。

「ギャラリー桜の木」で扱う作品は、私の好みに合っている。吉岡耕二、中西和、佐々木理恵子、近藤高弘、林美木子、篠田桃紅、千住博、水野竜生、小林海来、宮村秀明、ジャン・マリー・ザッキなど、明るく爽やかな作品ばかりである。

本稿では、解説しないが、興味のある方は、作家名で検索すると知ることができる。

ギャラリー桜の木の軽井沢店

ギャラリー桜の木に行くと、好みの作品が多数陳列してあるので、心楽しくなる。なかなか行けないのであるが、軽井沢店に行くと何時間も長居してしまう。そして、見ている内に、心に残り、作品を購入してしまう。ここに名前を挙げた作家の作品はすべて購入している。

画廊に行って、美術についての話をするうちに、いつのまにか「ギャラリー桜の木」の顧問ということになった。何しろ、有島生馬、寺内万次郎、斎藤三郎、高田誠、森田元子のアトリエに行ったことがあるという私の経験は、まず普通はありえないことである。いくらでも、蘊蓄を語れる。

有島生馬のアトリエは稲村ヶ崎にあった。生馬の1人娘の暁子さんは私の母と親友だったので、よく母に連れられてアトリエに遊びに行っていた。別稿で記載したが、浦和に住んでいたころには、中学生だった私は父の絵を担いで寺内万次郎、高田誠、斎藤三郎などのアトリエに行っていた。寺内万次郎は光風会の重鎮、斎藤三郎は二科会の審査委員、高田誠は一水会の審査委員、森田元子は母の兄の嫁・つまり伯母であるが、光風会の審査委員をしていた。いずれも昭和画壇の有名人である。

そのため、禎子社長は私のことを「社外顧問」と呼ぶのだが、顧問料を頂戴するどころか、時々絵を買わされて、多額のお金を支払っているのだから、顧問ではなく、いい鴨のようである。コモンではなくカモンだ。

ところで、禎子社長は日本の伝統的な工芸を発展させようと奔走している。一般社団法人ザ・

クリエイション・オブ・ジャパンと言う法人を自ら立ち上げ、専務理事として活躍している。ちなみに理事長は元文化庁長官で新国立美術館館長の林田英樹氏である。東京、京都、金沢で「21世紀鷹峯《たかがみね》フォーラム」を開催し、日本の工芸の素晴らしさをアピールし、それを長く継承するための支援を訴えている。もちろん日本の工芸は素晴らしいのだが、それを存続させるためには、後継者だけではなく、それを作成するための道具と材料を作る多くの職人たちの仕事も残していかなければならないのである。禎子社長はそれを熱心に訴えている。ただの画廊の女社長ではない。これからも、支援をしていきたいと思っている。

(注)：鷹峯＝本阿弥光悦が徳川家康より拝領した京都市北部の地名。本阿弥光悦を中心として多くの文化人が移り住み、いわゆる光悦村を形成した。現在は、光悦寺があり、多くの観光客を集めている。

たまにはお節介を焼こう

47▼▼牛乳石鹸100周年

銀座の「ギャラリー桜の木」には、頻繁に訪れている。銀座で会食があるときには、待ち合わせの場所として利用させてもらっている。また、近くでパーティーがあった時には、目についた人を誘って、「ギャラリー桜の木」に足を向ける。

このようにして、一応顧問なので画廊の経営に協力するべく、お客さんを紹介しているわけである。一番気に入ってくれたのが、ピップ株式会社の藤本久士会長である。ピップは、ピップエレキバンなどを作っているメーカーでもあるが、本業は卸店である。衛生用品、健康食品、ベビー用品、ヘルスケア用品などを扱い成長している有力会社だ。藤本会長は美術品に造詣の深い方で、人間国宝の今泉今右衛門の工房に、プラネットのトップセミナー一行を案内してくださったことがある。また、大変に人柄の良い方で、画廊の従業員の間でも好かれているようだ。

また、2009年に牛乳石鹸共進社（以下牛乳石鹸）が100周年を迎えることになり、何か記念になるものを作りたいという話しを聞きつけたため、ギャラリー桜の木に提案させた。すると、禎子社長は近藤高弘に声をかけて、アイディアを出してもらった。近藤高弘は祖父が人間国宝の近藤悠三、俳優の近藤正臣は従弟、という京都の芸術一族のひとりで、実力のある現代陶芸作家である。祖父の下で修業をしているため、伝統的な焼物をつくることはもちろんできるが、さらに工夫を重ね近代的な造形も手掛け人気を得ている。

近藤高弘は、白い自然石の上に真っ赤な柱を立てたモニュメントを牛乳石鹸に提案した。その高さは369センチメートル。ミルクの語呂合わせである。幸い、宮崎仁之会長に気に入っていただくことができた。

そのモニュメントは牛乳石鹸の大阪の鶴見区にある安田工場の敷地に建てられている。安田工場は非常に広い敷地を有していて、石鹸の歴史を展示した小さな博物館などがある。モニュメントは、門を入りアプローチを抜けた右側にきれいに整備された庭の池のほとりに建っている。

牛乳石鹸の安田工場にある100周年を記念して建てられた369センチメートルのモニュメント

実は、これをグーグルアースで見ることができるのである。真上からの写真では分かりにくいが、少し傾けてみると、白い石と赤い逆三角形の柱が見える。

２００９年、牛乳石鹸は１００周年記念式典とパーティーを予定していた。この年は丑年《うしどし》で、実に良い年回りであるため、多くの人が期待をしていた。ところが、記念式典の予定の日は、鳥インフルエンザの警報が出されたため、多くの人が集まる集会が自粛されるようになってしまい、牛乳石鹸もやむなく中止をした。

１００周年単位の限《きり》の良い周年記念でしかも丑《うし》年という年は、もうしばらくやってこない。次の機会は３００年後の２３０９年である。10年単位の周年記念でも次に廻ってくるのは２０６９年の１６０周年である。まことに残念！

とりあえず、２０１９年は丑年ではないが、１１０周年記念パーティーを予定しているということである。今度は何事もないことを祈っている。

だめかもしれなくても、支援をしよう

48▼▼「バンクーバー朝日軍」の著者古本喜庸

日立製作所の部長だった古本喜庸さんは、私の会社によく来ていた。その彼が早期退職してＩＴコンサルタントになった。当初はうまく行っていたのだが、ＩＴバブルがはじけてから案件が減り、立ち行かなくなってきた。しかし、彼は様々なところから情報をつかんでくることが上手で、話題が豊富な人だった。

ある時、バッテリーを長持ちさせる添加剤を見つけてきて、非常に見込みのある商材なので、販売会社を起こしたいと言ってきた。起業をするには少々歳がいっているが、「カーネル・サンダースがフランチャイズ・チェーンを考案しケンタッキー・フライド・チキンを展開したのは、62歳の時だった」と言うので、おもしろそうな話だと、面倒を見ることにした。

早速、友人知人を集めて説明会を開催した。事業の優良性をアピールし、納得した人は一口50万円で出資してほしいとお願いをしたところ、１０００万円ほどあつまり、とりあえず会社が立ち上がった。会社名は「Long evity（ロング・エヴィティー）」と命名した。ところが、なかなか売れず苦戦が続いている。

そんな中で、古本さんが本を書いたと、「バンクーバー朝日軍」という本を持ってきた。戦前のカナダで、日系移民たちが激しい人種差別の中で野球チームを作り、カナダリーグで優勝するという感動モノのノンフィクション作品である。この作品は、映画になったので知っている人も多いのではないだろうか。

この著作によって、古本さんに多くの講演依頼がやってきて、多少の講演料が入るようになり、事業はうまく行かない中でも、何とか生活費を稼いでいたようである。

色々なものを見つけてくるのがうまい古本さんは、今度はモーターの省電装置「セイバー」を見つけてきた。これは、モーターにノイズを打ち消した安定的な電流を流すことによってモーターをスムーズに回し、電気代を安くするという装置である。いわば、ヘッドホンのノイズキャンセラーのようなもので、多ければ十数パーセントもの電気代を安くできる。省電流行りの昨今では、うってつけの商品である。照明用の電気はLEDで省電できるが、動力用の電気に関しては省電の手段がなかった。多くの工場では照明用よりも動力用の電気の方が大きいので、このセーバーは広く受入れられるのではないかと思われる。

古本さんは、この「セイバー」を担いである程度の売上を上げているが、まだまだ苦戦している。ＢｔｏＢの販売では、最初に会った担当者によって結果が左右する。古本さんは、先の「バンクーバー朝日軍」の本を差し出して、担当者の信頼を得るようにしている。この種の売込みには胡散臭い人が多いからである。それでも、なかなか受け入れてもらえない。

その会社にとって有益なモノであっても、担当者は自分の都合を優先する人が多いのである。よく理解できない、面倒くさい、もうじき定年だから余計なことはやりたくないなどなど、高齢化が進んでいる会社を相手にしていると、このようなことばかりである。

だが、この「セイバー」は必ず効果が出る装置なので、いずれ売れるようになると期待している。

さて、更にもう1つ、すごい装置がある。「セイバー」を製造している株式会社ライフブイの久保田拡鑑社長が見つけてきたモノであるが、何と従来の二倍の発電ができるという発電機である。信じられないような話であるが、この発電機は逆転の発想で作り出した磁石の配置の工夫でできている。ある高齢の発明家が開発したものだが、世に出ることができないでいた。そこに久保田社長が訪ねて行き、装置を見て、その設計通り再組み立てをしたところ、高効率の発電が本当にできた。従来の発電機は磁石をなるべく隙間なく並べることが効率化するための要件であると考えられていたのだが、この高効率発電機は磁石をある一定の間隔を置いて配置するという工夫によってできている。

ライフブイによる試作機の実験では、100ワットのモーターで高効率発電機を回すと、200ワットの電気が出てくる。エネルギー保存の法則から見て、ありえないことのようだ。

だが、発電とは電線の中の電子を走らせることなので、電線に磁石を当ててこすると電線の中の電子が走り出すというのが発電の原理であり、この運動エネルギーで電子の運動を起動させる効率には乖離がある可能性が大きいので、あながちありえないことではないように思える。

久保田社長が再現したということを信じて、支援したいと思っている。しかしながら、古本さんも久保田君も今一つ経営の才には恵まれていないようで、そうとうに苦戦をしている。

経済を学ぼう

49▼▼そうだったのか経済学 その1

近頃の講演では、今までのようなマーケティングやIT、通信などについては卒業して、経営学や経済学史について語っている。

それは、「会社は株主のモノ」などと言う人が現れたり、アベノミクスで急に株価が上がったり、貧富の格差が広がったりしたことを追及するうちに、どうも元凶は新自由主義（ネオリベラリズム）にあるのではないかと思うようになった。そこで、経済学の歴史を遡っているのだが、経済学の発展の中には、一般には理解されていないことや誤解がたくさんあることに気が付いた。いずれ、「そうだったのか経済学」というタイトルで一冊本を書きたいと思っている。

本稿では、手始めに一般の理解とは少し違うことをいくつか紹介してみたい。

まず、経済学の祖はアダム・スミス（1723～1790）だと言われているが、近頃はフランソワ・ケネー（1694～1774）ではないかという人が増えている。

ケネーは重農主義として知られている。ケネーは国が豊かになるというのは農業の生産を増やすことだと主張したため、農業だけを重視する偏った考え方と思われがちであるが、ケネーが言ったのは、植民地から収奪してきた金銀財宝が国を豊かにするのではなく、農業生産を増やすことこそが国を豊かにすると言ったのである。農業国のフランスだから農業生産を増やすべきと言ったので、漁業国であれば漁業重視ということになったのかもしれないが、要するに現代の経済学的に言うとGNP（国内総生産）を増やすことこそが国を豊かにすると当たり前のことを言ったのである。当時としては、すごい見識である。

そして、ケネーは農業生産を増やすには、農民の生産活動を自由にしなければならないとし、「レッセフェール・レッセファッセ（自由放任）」と言った。自由主義の元祖だと言える。「レッセフェール・レッセファッセ」と言ったのはアダム・スミスだと思っている人が多いようだが、これを言ったのはケネーである。そもそもフランス語である。

ケネーの経済表も有名である。宮廷医師であったケネーは人体の血液の循環のように経済も循環すると考えて、経済表を作成したのである。これは、初めて経済を科学的にとらえようとした試みであるということができる。

以上の事柄から、ケネーが経済学の元祖ではないかと言われているわけである。

アダム・スミスは「見えざる手」と言ったことはご承知の通りである。市場において売り手と買い手との取引を自由に任せると、自然に「見えざる手」が働いて、商品の取引量が適正化し価格もバランスすると唱えた。ケネーは生産活動を自由に任せると生産が増えると言ったのに対して、スミスは市場における取引を自由に任せると量と価格が適正化すると言ったのである。スミスが自由主義を一歩前進させたのは確かである。

自由主義は、産業革命を経て、人類に多くの恩恵をもたらした。しかし、一方で大きな経済変動を引き起こした。自由主義の根本原理は、「所有の自由を認め、人々の適度な欲望をけん引力として経済の発展を促すこと」にあるのだが、産業革命後は経済規模が拡大し、適度な欲望だけではなくなった。その結果、振幅の大きい好不況の波が生じるようになった。

そして、1929年に世界大恐慌を引き起こし、街には失業者があふれ、経済は沈滞した。

そんな中、イギリスからアメリカに渡ったケインズがニューヨークタイムズに投稿し、政府による公共投資をすれば乗数効果によって国内の需要が拡大し、失業も減り景気が向上すると論じた。これを読んだルーズベルト大統領（民主党）が政府資金による公共投資、いわゆるニューディール政策を始めた。

これには、経済に政治が介入するべきではないという古典的自由主義経済学者達が強く反発した。特にシカゴ大学の経済学者達は、後に共和党のレーガン大統領とともに新自由主義政策（ネオリベラリズム）を進め、「ケインズは死んだ」と言い、全面否定をする。

これ以上話を進めると大論文になるので、本稿ではこのくらいにしておく。

ところで、ケインズと言えば乗数理論と思っている人が多いが、乗数理論を編み出したのはケインズではなく、リチャード・カーンと言うユダヤ系の経済学者である。カーンは数理経済学の元祖と言われているアルフレッド・マーシャルの弟子で、投資は次々と国内に波及して国全体の所得増をもたらすと論じ、次のような数式で示した。

$S=a+ar+ar^2+ar^3+ar^4+\cdots\cdots$

a円の投資が行われたら、最初に投資を引き受けた会社はa円の収入を得る。次の会社はar円を得、次の次の会社はar^2円を得る。これらの会社の収入の合計が国内会社の所得の増額合計となる。rは限界消費性向で、会社が利益を手元に保留し次の会社に支払う比率。

この式を変形すると

$S=a/(1-r)$ となる。

国内の所得の増加Sは、aが多ければ多いほど大きくなるのは当然であるが、(1－r)は小さければ小さいほど、国民所得の増加をもたらすわけである。(1－r)は限界貯蓄性向と言われ、家計では獲得した所得の増分に対する貯蓄をする比率、企業の場合は利益あるいは内部留保する比率である。簡単に言えば、得た収入はどんどん使った方が国全体の循環が多くなり、景気が良くなるということである。日本は企業も家計も貯め込むことが好きで、せっかくの投資を減衰させてしまう傾向にある。

$S = a + ar + ar^2 + ar^3 + ar^4 + \cdots\cdots$

両辺にrをかける。

$Sr = ar + ar^2 + ar^3 + ar^4 + ar^5 \cdots\cdots$

上の式から下の式を引くと、$S - Sr = a$

これを変形すると $S = a/(1 - r)$ となる。

私は、このような数式が大好きなのであるが、頭が痛くなるという人は読み飛ばしても結構。

さらに、もう一つ、「見えざる手」によって需要と供給がバランスして価格が決まると言えば、需要曲線と供給曲線のグラフが目に浮かぶ。しかし、このグラフはアダム・スミスの示したものではない。このグラフは、アダム・スミスの100年後にアルフレッド・マーシャルが示したものである。マーシャル・クロスと呼ばれている。

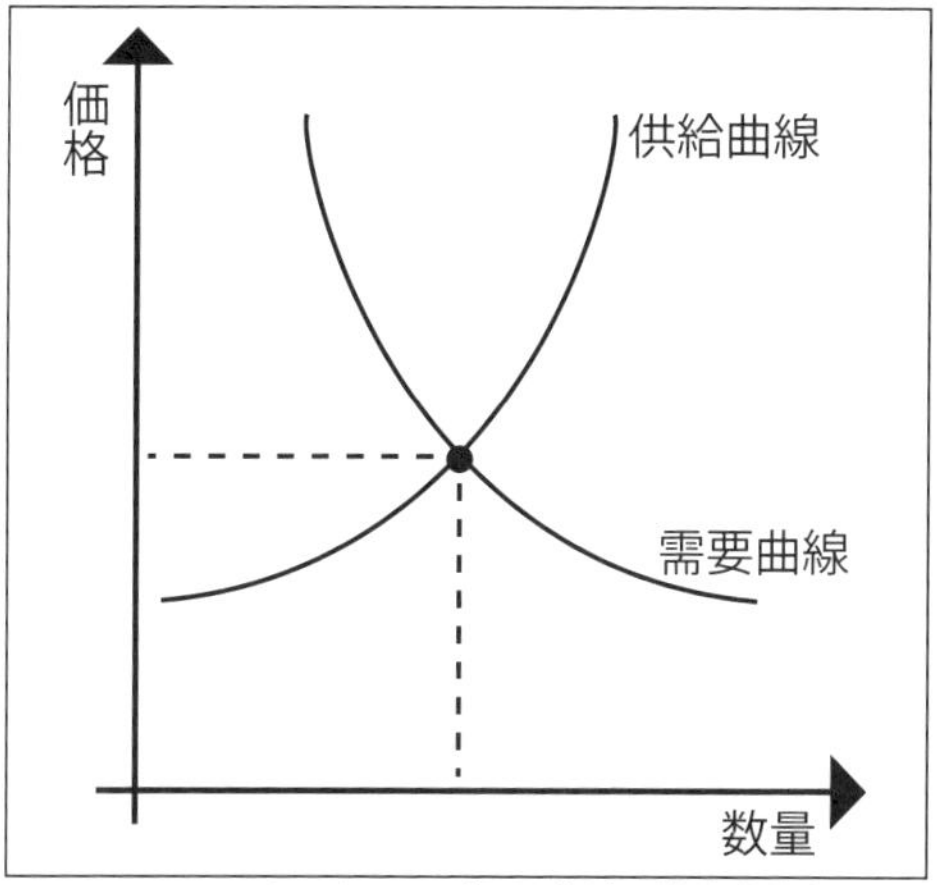

マーシャル・クロス「需要曲線と供給曲線」

経済学の祖はケネーかも知れず、「乗数理論」はケインズではなく、需要曲線と供給曲線はアダム・スミスが示したものではないわけだが、経営学でも、思い込みとは違うことが多い。

ドラッカーなど経営学者がよく言っている「創造的破壊」も、実はヨーゼフ・シュンペーター（1883〜1950）という経済学者が、資本主義の発展を論じた中で唱えたものである。

さらに、「不確実性」とはベストセラー「不確実性の時代」を書いたジョン・ガルブレイスの専売特許のように思っている人が多いが、「不確実性」とは、1920年ごろシカゴ学派の経済学者F・H・ナイトが使い始めた経済学用語である。

というわけで、経済学の歴史を遡ると、おもしろいことが分かる。

もともと、アダム・スミスが倫理学の哲学者であったように、経済学は哲学から発展している。

そして、経営学は経済学理論から枝葉のように進展しているのである。さらに、マーケティングは経営学から派生している。

近頃、フィリップ・コトラーが「マーケティングは経済学である」と言い始めた。日経新聞の「私の履歴書」でコトラーは「マーケティングは経済学である」と明確に書いている。コトラーはノーベル経済学賞が欲しいのかもしれない。心理学と思われる理論を行動経済学として、コロンビア大学の心理学教授のダニエル・カーネマンはノーベル経済学賞を受賞している。スウェーデンの王立アカデミーが「マーケティングは経済学である」と思ってくれれば、マーケティングの大家・コトラーにノーベル経済学賞を与えられるかもしれない。

というわけで、経営学もマーケティングも経済学まで遡って調べると、おもしろく勉強できるのである。

経済を学ぼう

50▼▼そうだったのか経済学 その2

２０１３年に出版されたトマ・ピケティの「21世紀の資本」が世界的なベストセラーになった。分厚いこの本は６０００円以上する。買うのを躊躇する厚さと値段であるが、奮発して一冊買った。

ピケティはヨーロッパの中世から産業革命時代に貧富の格差が拡大したことを検証したうえで、現在の新自由主義（ネオリベラリズム）による格差問題を論じている。そして、ピケティはｒ＞ｇ（資本利益率＞経済成長率）の状態の時に格差が拡大していることを示した。間違いなく経済学史に残る論証である。

ｒ（資本利益率）は資本家が手に入れる利益の率である。ｇ（経済成長率）は経済規模が拡大する率で、労働者の給料の伸び率の上限であると考えると理解できる。つまり、経済成長率にスライドする売上の伸び以上には、経営者は給料を増やさないからである。

ピケティは、中世以降ずっとｒ＞ｇの状況が続いていて、ｒ＞ｇではない状況とは戦争の時だけであったと記している。つまり、戦争が起きると生産設備が破壊されるため、資本利益率が低下しｒ＞ｇではない状況となるのではないかと解釈できる。

つまり、ピケティは貧富の格差を生じさせる社会構造を示したのである。

どうやら、自由主義市場は貧富の格差を作り出すようだ。アダム・スミスは市場取引を自由に任せると、「見えざる手」が働いて資源の最適配分ができ価格もバランスするとした。倫理学者であったアダム・スミスは、人は適度な欲望を持ち合理的に行動すると考えていた。しかし、人は強欲になることもあるし、合理的でない行動をすることもある。産業革命が進展する中、規模の大きな生産設備で一挙に生産性を上げると、巨額の利益を得ることに気づき資本家が強欲になって行った。

また、近代は情報化技術が進み情報による格差が生じてきている。アダム・スミスの素朴な時代は市場のプレーヤーは同じ情報をもって取引をしていた。しかし、今は高度な教育を受けた人、広い人脈を持っている人、インターネットを上手に使いこなす人が勝ち続けるようになった。金持ちの子供は高度な教育を受け、高価な情報機器を保有し、更に多くの情報をもっている人との付き合いがあるため、情報格差は広がり、貧富の格差は固定化する。

さらに、最近は構造的に労働分配率の低下が進んでいる。ＩＴやバイオなど知識集約型産業は、少ない社員でより大きな売上を上げるようになっているため、人件費比率が下がっている。知識集約会社の社員の給料が多少高くても、人数が少なければ給料の総額は少なく、株主と経営者の取り分が相対的に多くなる。そのため、ますます格差が広がり、固定的な階層化社会になる可能性が高い。

このような状況であるから、今日の一般的なサラリーマンは定年まで勤め上げても、平均以下の生涯収入に留まることになる。定年後に、何らかのトラブルに遭遇すると、貧困に転落するかもしれない。

というわけだから、世のサラリーマン諸君は、何とか資本家になるか、経営者になるように努力した方がいい。資本家になるのは簡単である。株を持てばいい。経営者になるのも道が開いている。近頃は副業を認める会社が増えているからである。

会社を上手に利用して、スキルを上げて事業を始めることをお勧めする。IT系の仕事は大きな投資が必要なく、失敗しても痛手は小さい。ぜひ、チャレンジしてみるべきである。すでに、メルカリで手持ちのものを売る、あるいは、minne（ミンネ）のような自分の作品を売ることができるサイトもある。とりあえず、このあたりから始めたらどうだろうか。

リクルート株式会社は、これまでに定年退職した人は2人しかいないそうである。リクルートの社員は、独立志向が強いのだが、会社も奨励している。そして、有望なビジネスを立ち上げた社員には出資をし、多くのキャピタルゲインを得ているということである。

ピケティの指摘の通り格差は固定化しつつある。たった一回の人生である、チャンスをつかむのには貪欲であった方が良い。

注：minne＝ハンドメイドマーケット、手芸作品などをネットで販売するサイト、100万人以上のフォロワーがいる。

51▼▼GIRINO

縁を活かして自立しよう

我が息子はサラリーマンにはなりたくないと言っていた。理由は、子供のころからネクタイ嫌いだったので、ネクタイを絞めたくないからだったのかもしれない。

高校生のころ、鎌倉の人気レストランでアルバイトをし、料理作りにあこがれを抱いたようだ。大学を卒業すると、調理師の資格を取り、雇われシェフを始め、北海道のホテル、山中湖のレストランなど、包丁1本で渡り歩いていた。雇われシェフもサラリーマンなのだが、修行と考えていたのだろう。10年以上もそんな生活をした後、鎌倉に帰ってきてレストランを開くことになった。鎌倉市ではないが隣の藤沢市の片瀬江ノ島駅近くに手ごろな物件を見つけ店を開業した。

実は、その物件の大家さんは山田雅人さんであったのである。山田さんは時折テレビやラジオに登場しているタレントで、ご存知の方もいると思うが、「語りの世界」と言う新ジャンルを開発し、ＮＨＫラジオに登場している。「語りの世界」とは現代版の講談のようなもので、「美空ひばり物語」や「長嶋茂雄物語」など、多くの人の生立ちをエピソードを交えて一気に語るという芸である。山田さんとご縁ができたので、「プラネット物語」を創作していただき、30周年記念セミナーで語ってもらった。プラネットの30年の歴史を活き活きと語ってくれた。大変にいい刺激を与えてくれたと感謝している。

もう一人、息子のお店のお陰で縁ができた人がある。それは武田双雲さん。双雲さんは、近代書家として有名であるが、双雲さんのアトリエが近所だったため、たびたび弟子を引き連れて来店してくれるようになっていた。この双雲さんにも、プラネットのセミナーでパフォーマンスをしてもらった。大きな筆で大きな書を舞台で書いてもらうというパフォーマンスである。彼の明るく素直な人柄がウケていた。ところが、突然、双雲さんがレストランを開業！　息子の店のライバルになってしまった。それからは、お店に来てくれなくなってしまった。

この他にも多くの地元の常連さんとご縁ができ、息子はいい仕事をしていると思っている。

予約が取れないレストラン「GIRINO」

開店8年を経て、この店「GIRINO」は予約が取れないレストランと言われるようになってきた。地元の常連さんがたくさんでき、常連さんがまた友達を連れてくるという良い連鎖が起こっている。人気が出ている要因は、息子の料理が好評なのと嫁の愛想が良いからのようだ。サービス業にとっては技術的才能だけでなく、愛想も性格も容貌も経営資源と言えるのかもしれない。

我が息子ではあるが、非常にまじめな性格で、もしサラリーマンになっていたら、謹厳実直に働き続けて定年まで勤め上げるのではないかと思う。前稿に記したように、これからの世の中は、真面目一途の勤め人は報われなくなってきたようだ。レストラン業はリスクがあり、休む暇もないのだが、今の時代は自立した事業をした方がよい人生を歩めるのではないかと思う。

梅と水仙 F50

（GIRINO所蔵）

52 ▼▼上海で講演

やはり国際化もあった方が良い

2018年6月5日上海の大学で講演をした。演題は「日本の流通機構の凄さの秘密」。

きっかけは、プラネットが上海で合弁会社を設立した時のパートナーである李樹寧さんという方が、プラネットの通信サービスのあり方と日本の流通についての私の論文の内容を評価して、中国に売込んでくれるようになったことから始まった。そして、李さんの話を聞いた上海の共産党の書記の方が、来日しプラネットを尋ねて見えた。その中国共産党の方は汪泓さんという女性で、「上海工程技術大学」の学長を十数年務めた後に、共産党の幹部になったという方である。

まず、宝山区の名前の由来となった宝山寺というお寺に案内していただいた。大規模な寺を建設中で、中央部分はほぼ完成していた。山門を入ると、見えてくる伽藍は、日本のお寺によく似ていた。中央に観音菩薩像と四天王像が祀られていて、脇には薬師如来像などもある。伽藍の囲いの外には、まだ未完成であったが五重塔が聳えている。日本のお寺と違うのは、木材が黒光りしている南方の木材が使われていることである。

その寺で、汪書記と落ち合い、住職とお茶とお菓子を頂きながら、歓談。住職は私たち一行全員に数珠をくださった。さらに、私には精緻な彫刻の千手観音像が手渡された。

そして、その後パトカーの先導で宝山区役所に移動し、豪華な応接室で区長と区の幹部と会談した。まさに賓客待遇である。

区長は、「我々は製鉄を日本から教わった」（世界最大級の宝山製鉄所は新日鉄の指導で建設された）「ロボット技術も日本から教わった」（宝山区にはファナックの工場が建てられている）さらに区長は「ＢｔｏＢのＥＤＩをプラネットから教わりたい」と言った。

これはえらいことになった。新日鉄とファナックの次はプラネットか！

汪書記も区長も、プラネットに見学に来ているので、闇雲にこのようなことを言っているわけではない。特に、汪女史は、龍角散が大好きという親日家である。期待を裏切るわけにもいかない。だが、プラネットのＥＤＩは、自らの社会的な役割を理解している日本の近代的な卸店とメーカーが「小異を捨てて大同につく」という判断のもとで協力して構築された稀有な社会システムなのである。そう簡単にはマネができない。日本でも、なかなか大同につこうとしない小売業界のＥＤＩは、まだ十分ではないのである。

注：ＥＤＩ＝Electronic Data Interchange（企業と企業とがネット上でデータ交換をし、取引を行うシステム。

翌朝「上海工程技術大学」で講演をした。まず「卸店の社会的有用性」についての話から始めた。メーカーと小売業との間に存在する卸店は、１対１の図式で考えると不要な存在と見えてしまう。しかし、複数対複数の図式で見ると、絶対に必要な存在であることが分かる。

図のように、多数のメーカーと多数の小売店が取引をするとなると、それぞれが直接取引をするのと、間に卸店が入る卸流通とでは、圧倒的に卸店があった方が取引回数が少なくなる。メーカーの数をｍとし、小売店の数をｎとすると、ｍ×ｎ対ｍ＋ｎとなる。

さらに、単価を加えて説明をした。

左の「直接取引」の単価をａ円とすると、のコストはａｎとなる。右の「卸流通」では、まずメーカーから卸店に大型トラックで輸送する単価をＸ円、卸店から小売店に配送する単価をｂ円とすると、「卸流通」のコストはＸ＋ｂｎとなる。

ａｎ＞Ｘ＋ｂｎであれば、卸店が介在する「卸流通」の方がコストが安いということになる。

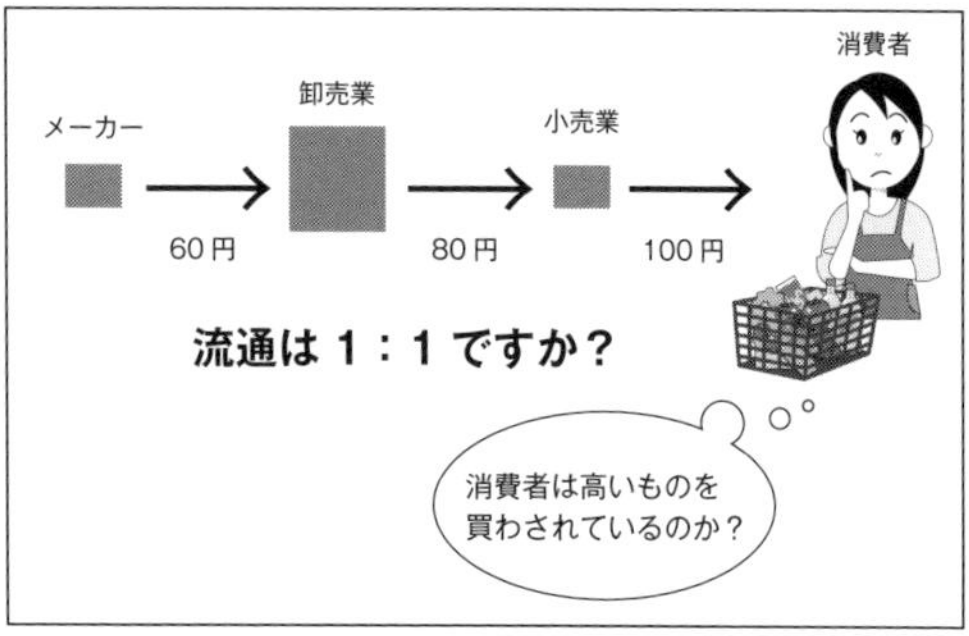

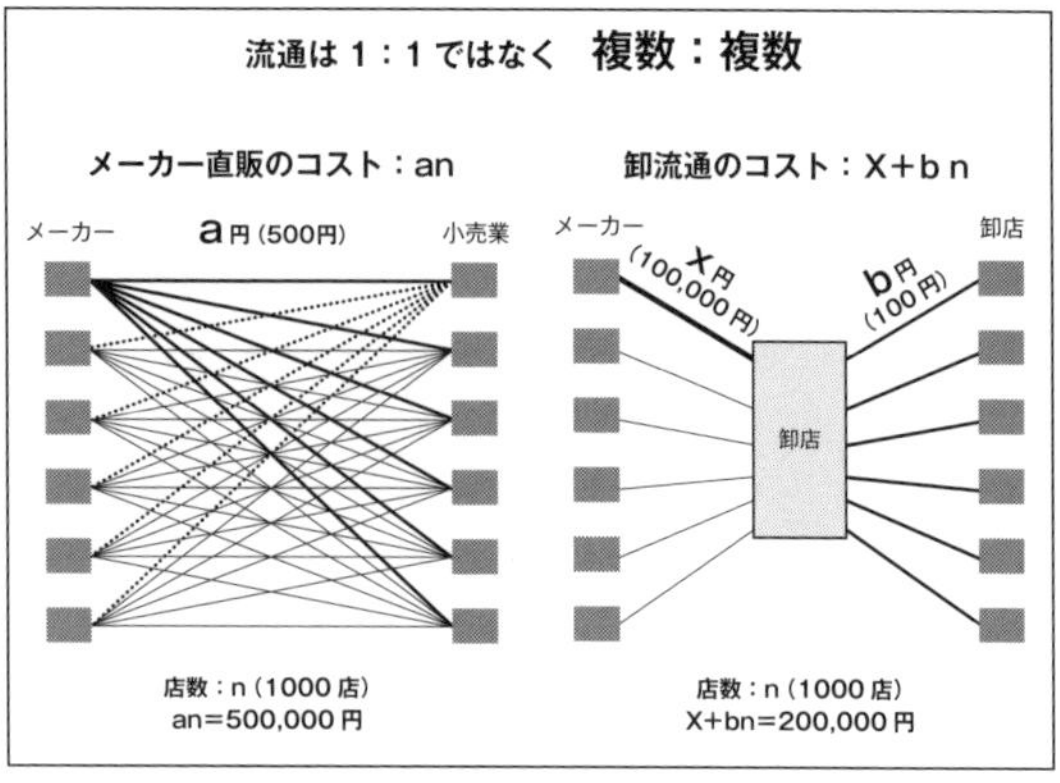

aは、事務コスト、物流費、伝票代、代金回収費用などの合計で、それなりにかかるが、仮に500円とする。Xは大型トラックを使った運送費だから、仮に10万円とし、bは他のメーカーの商品と一緒に取引し、運ぶため、aの少なくとも1／5ぐらいになる。小売店数nを1000として計算すると、anは50万円、X＋bnは10万＋10万＝20万円になり、明らかに「卸流通」の方に合理性がある。これをグラフにすると、「卸流通」の方が有利な条件は、小売店の数が多いことであることが分かる。一般消費財を売る小売業は数十万店もあるので、明らかに卸店が必要である。

取引先が多ければ多いほど、卸流通の方が効率的になる

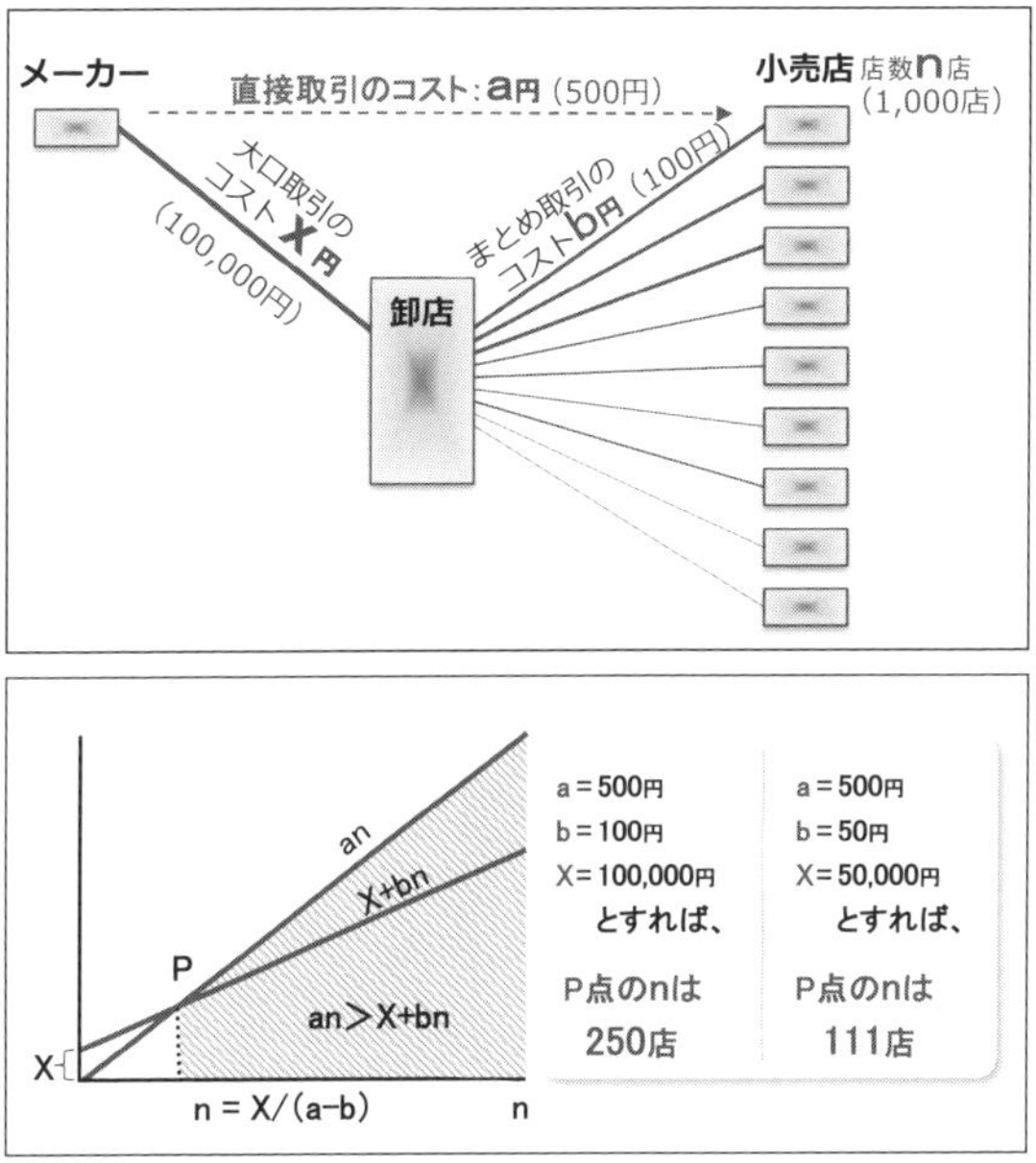

このように卸店の必要性は明らかなのであるが、日本では1962年に東京大学の林周二氏の「流通革命」

という本によって「問屋無用論」が一世を風靡したことがある。それ以来、一般の認識がなく、マスコミも卸店を軽視している論調が多い。残念ながら、林氏は明らかに流通を1対1でしか見ていなかったと思わざるを得ない。

日本の卸は歴史が古い。

平安時代には「問丸《といまる》」という人達がいて、地方の産物を京都に運んでいた。江戸時代には「問屋《といや》」と呼ばれる商人があらゆる消費財を江戸に持ち込んでいた。江戸期が終わるころには「問屋《とんや》」と呼ばれるようになり、次第に大規模になった。明治期には「問屋制家内工業」と言われる地方の生産の育成を担うようになっていた。

このような歴史的背景と現実的な有用性があるため、日本では売上1兆円を超える卸店が7社、5000億円をこえる卸店は10社以上もある。1個数百円の一般消費財を売って、1兆円にするには数十億個もの物量を運ばなければならない。卸店の物流センターを見学すると、その物量に圧倒される。しかし、一般の人はその光景を目にすることはない。

このように、しっかりした卸店が存在しているから日本の一般消費財は、「品質が良く、種類が多く、安い」しかも「非常に多くの小売店で同じように買える」のである。

日本の消費財と欧米のそれとを比較すると、日本の方がかなり安く、しかも品質が良いのである。その典型は、ティッシュペーパーである。ＥＤＬＰと言っている小売業でも１箱１ドルぐらいする。日本の倍の価格で、しかも品質は見劣りする。その他、洗剤、シャンプー、乾電池、トイレットペーパーなども、欧米の価格は高いものが多い。

講演では、このようないつもの持論を紹介した。実は、プラネットはこの持論の通り卸店の社会的有用性について確たる認識をした上でビジネスモデルを組み立てている。

注：EDLP＝Every Day Low Price

やはり、中国人も中間流通業はコスト高につながると思い込んでいる人が多いのだが、私の数学的な説明で目からうろこが落ちたようだ。寡占化が進んでいる欧米の大型小売業は特定のメーカーから大量に仕入れるため、品種が少なくなる。排除されたメーカーは存続できなくなり、伝統的な商品が消えて行く。ひいては、民族の伝統的な文化も失われる恐れがあるとまで言及した。

続いて、プラネットのＥＤＩについて説明。技術的な話は簡単にし、業界インフラについて解説した。創業以来、業界のインフラとしての役割を重視し、「安全・継続・標準・中立・安価」の原則を守り、ユーザーの役に立つこと第一義とし、コストダウンに努力をし、32年間で９回もの値下げをしたことなどを述べた。

農村で共同利用するための農業用水を作ったら、地域特化型インフラとなるが、プラネットは、業界の人たちの協力で共同ＥＤＩネットワークを築いたため、業界特化型インフラなのである。ＢｔｏＢの通信はありふれた技術であるため、プラネットの通信仕様は難しいものではない。だが、インフラとしての機能を理解し協力してくれた多くのユーザーがいたから、業界のインフラとして構築できたのである。

したがって、プラネットの技術的な仕様をすべて開示しても、一朝にして動かすことは簡単ではない。

上海の大学では、学長から客員教授の称号を頂戴した。だからというわけではないが、中国の人たちに理解していただくための努力は惜しまないつもりだが、さて、どのようにしたらいいのか、まだ迷っている。

尊敬できる人と会えたら幸いである

53▼▼ヤオコーの川野幸夫会長

『私の縁《えにし》』が本書のタイトルなのであれば、川野幸夫会長について触れなければならない。私は、どちらかと言えば我が強いため、人を尊敬するということは、実はあまりない。しかしながら、川野会長だけは心底尊敬している。川野先輩が日ごろお話ししていること、経営哲学、事業の成果、文化や教育に対する貢献などあらゆることに、素晴らしさを感じてしまう。この人が先輩であることを誇りに思っている。

川野会長は浦和高等学校の先輩で、同窓会会長をしてくださっている。

もともとは、東京大学法学部を卒業し法律家を目指していたのであるが、ある日、家業のヤオコーのスーパーという仕事の社会的意義に目覚め、家業を継ぐことにしたという。日ごろから、働く父親と母親の姿を見て次第に理解したそうである。そして、ヤオコーを優良スーパーに育て上げた。業界では最も評価が高く見習うべき店と言われている。

川野会長の経営方針は、現場を大切にするということで、売場で働くパートの女性たちの意見を取り入れることに熱心である。まず、パートとは呼ばずパートナーさんと呼ぶ、彼女らに多くのことを任せ、意見を取り入れる。その結果、お客さんの要望にしっかり応える売場が実現されている。

小売業がチェーン化するといわゆるチェーンオペレーションのために中央集権的組織になるのだが、ヤオコーでは本社本部はあくまでもお店を支えるサポートセンターであると位置づけている。

真夜中の3時に、ヤオコーの物流センターを見学したことがある。物流センターが最も活発に動いているのはその時間だからである。自動化されたソーターによって荷揃えが終わったカゴ車や通函が次々とトラックに積まれている様子を見学させてもらった。カゴ車や通函にはお店ごと陳列作業に便利なように詰め込む順番が決まっている。それはまさにサポートセンターの姿であった。

川野会長の経営理念は「尊敬される会社」を目指すということであるが、すでに流通業界の中では最も尊敬されるスーパーになっていると言っていいだろう。戦後の復興期に立ち上がったスーパーの多くは、強引な成長戦略を展開して急速に成長した。それに対して、後発のヤオコーは無理のない着実な成長を進め、業界からも信頼されている。そして、堅実な成長によって創業以来の増収増益を果たしている。売上は小売業界のトップクラスではないが、ほんとうに信頼され尊敬される会社になっている。

会社が尊敬されているが、川野会長自身も業界から尊敬され、日本スーパーマーケット協会の会長を長年続けている。

2011年、川野会長は美術館を建てた。三栖右嗣《みすゆうじ》画伯の作品を展示する美術館である。三栖画伯はあまり有名ではないが、デッサン力に優れ色使いも鮮やかな実力のある作家である。

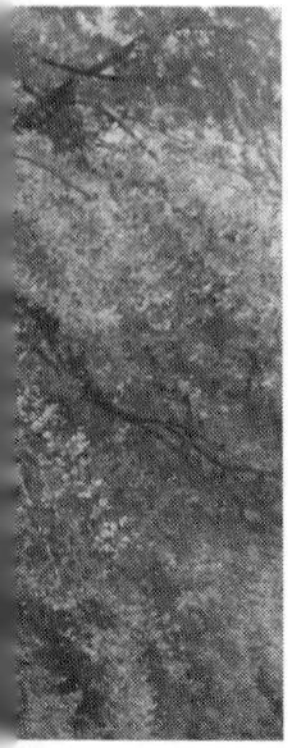

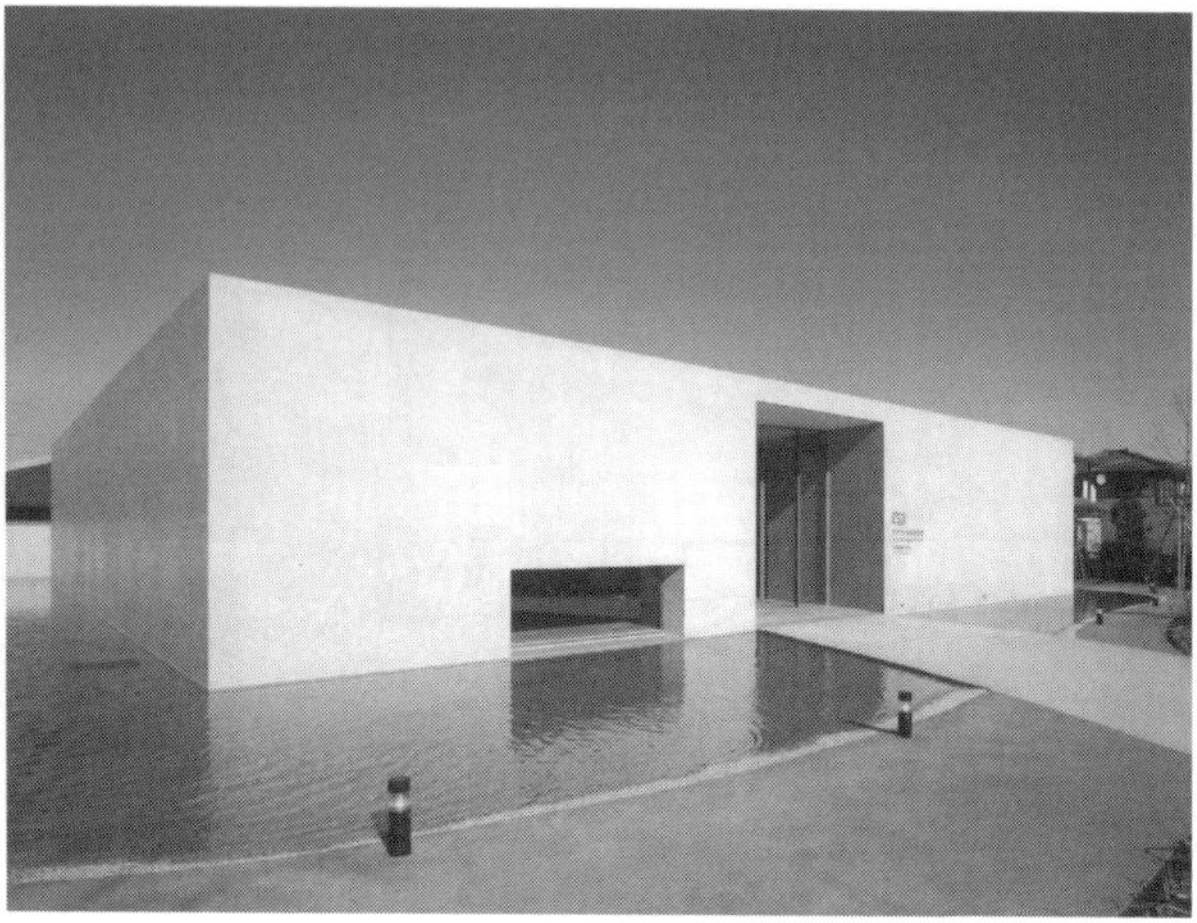

ヤオコー川越美術館

川野会長は三栖画伯のパトロンとして長らく支援を続けていた。お金持ち会社がよくやるメセナとは違う。一人の作家を育て、最期まで面倒を見るというのは、近頃では珍しい本当のパトロンとしての姿である。

実は、川野会長は幼いお子さんを亡くしたことがある。仕事にまい進している時期に、子供の世話を奥さんに任せきりしていたことを悔いているとおっしゃっていた。その思いから、川野会長は多額の私財を投じて公益財団法人川野小児医学奨学財団を立ち上げている。

ヤオコーの本社には、たくさんの三栖画伯の絵が掛かっているが、会長室にも大きな絵が掛かっている。その絵は川野家の家族の絵である。隣に、亡くなったお子さんの肖像画も飾ってある。これを見た時に、深いお心の内に触れたような気がした。

どんなことも忘れず、その回答をいつまでも求

三栖右嗣画伯の代表作　「爛漫」500号

めている姿には頭が下がる。

そんな川野会長であるが、いま懸念していることがある。

それは、小売業の社会的地位が低いことである。

イオンの創業者岡田卓也氏もライフコーポレーションの清水信次会長も、未だに「士農工商」のような身分制度があるようだと言っていた。確かに、日本の社会では、モノ作りが価値を生み出していて、右から左へと商品を売りさばくだけの商人は価値を生み出していないと思っている人がいる。中には、売買差益だけを得ている商人は卑しいと思っている人もいる。

お役人はもちろん、マスコミ、教師また大会社の人は、自分が武士であるかのように思っている人が多い。世の中をリードしているという意識は悪いわけではないが、その意識の底流に「士農工商」理念がこびりついているのは困りものである。経団連や経済同友会で流通業の人を見かけたことはほとんどない。やはり、日本の経済政策に、流通業界の声が届くことは少ないようだ。

だが、流通業は国民の生活を支えているインフラとして生活必需品を安定供給するという重要な役割を担っている。商品は最終的にはそれを使う人、それを食べる人によって初めて価値が生じる。商品と消費者の出会いを作り出している小売業と卸店は、消費者に価値を享受してもらうための提案を日々続けている人たちなのである。

創意工夫を重ねて作られた商品には、もちろん価値がある。しかし、実際に消費者の手に渡り使われ、あるいは、食べられて初めて価値が発現するのである。

あとがき

お読みいただきまして、ありがとうございます。

本書の登場人物の数を数えてみました。実名の人が約１００人、匿名の人８人でした。実は、これらの方々以外にも、多くの方の顔が思い浮かぶのですが、描き切れませんでした。

多くの人との出会いが、私の人生を広げてくれました。学生時代からの友人、先生、社会に出てからの知人、父母の友人、実に多くの人と出会いました。

出会っても、親しくなれなかった人もたくさんいます。出会った人が有益なものを持っていなかったというわけではなく、私がそれに気付くことができなかったのかもしれません。

やはり、日ごろから問題意識を持っていると、その人が持っているものに気が付きます。「十分準備している人にチャンスが訪れる」といいますが、人との出会いも、準備がないと絆が芽生えないようです。


人は、小さく打てば小さく響き、大きく打てば大きく響くのです。また、価値観が合う人と親しくなると、響き合うようになります。

近年、響き合うようになったのは川崎清さんです。

プラネットの監査役として次の監査役候補を探していた時に、元資生堂常務の川崎さんに相談を持ちかけてみました。すると、彼は「自分ではどうか」と言ったので、しめたと思い、手順を踏んで、川崎さんを監査役に迎えました。

川崎さんは初めて会った時から波長の合う人でした。本当に、よく本を読んでいる人で、経済や経営の本だけではなく、人類史、文化、芸術など幅広く、私が好む本と一致しています。雑談していても、互いに一歩も二歩も深いところまで話が進みます。そして、さすが一流企業の元経営企画部長です。経営についても、非常に的確なアドバイスをしてくれるありがたい人です。いわゆる馬が合うわけです。私と違うのは彼が酒飲みだということぐらいでしょうか。なにしろ明るい人柄で、周囲まで明るくするところがいい。今は、ＴｒｕｅＤａｔａの監査役になってもらい、同社の組織を明るくしてもらっています。

日ごろの自分磨きのためにも友人は大切です。友人の言葉で気が付くことも多く、友人の見識に負けないように努力するようになります。また、話が合う友人は、ほんとうにストレス解消になるものです。

豊かな人生を送るためには、良い友人を持つことです。

読者の皆様とも、いつか縁を結べることを祈っています。

玉生弘昌
(たまにゅう ひろまさ)

現職

株式会社プラネット代表取締役会長
一般社団法人流通問題研究協会会長
一般社団法人日本ボランタリーチェーン協会理事
一般財団法人日本ヘルスケア協会理事
一般社団法人企業研究会評議委員
株式会社True Data取締役
事業創造大学院大学客員教授
上海工程技術大学客員教授
株式会社アイスタイル（@ｃｏｓｍｅ）顧問 他

略歴

1963年 浦和高等学校卒
1968年 早稲田大学政治経済学部卒
同年　 ライオン株式会社入社
1985年 株式会社プラネット常務取締役
1993年 同社代表取締役社長
2004年 同社ＪＡＳＤＡＱ上場
2012年 同社代表取締役会長

著 書

『メーカーが書けなかったOAの本』
（産業能率大学出版部、1983年）

『流通VANの戦略』
（産業能率大学出版部、1988年）

『流通ネットワーク21世紀のミッション』
（ビジネス社、1998年）

『なぜ日本企業の情報システムは遅れているのか』
（日本能率協会マネジメントセンター、2003年）

『IT起業（ベンチャー）で成功する方法』
（東洋経済新聞社、2006年）

『これが世界に誇る日本の流通インフラの実力だ』
（国際商業出版、2013年）

人生を豊かにする出会いの作り方
私の縁《えにし》
— プラネットの創業者が書いた随筆集 —

令和元年7月8日　第2刷発行

発 行 人　栗田晴彦
発 行 所　国際商業出版株式会社
東京都中央区銀座6-14-5　〒104-0061
電話 03 (3543) 1771　FAX 03 (3545) 3919

デザイン・印刷･製本　株式会社 広英社

万一、落丁乱丁の場合はお取り替え致します　Printed in Japan
ISBN978-4-8754-2222-8　¥2000E